49일간의 여정

- 먼 길 떠난 엄마를 위한 조홍시가 -

49일간의 여정: 먼 길 떠난 엄마를 위한 조홍시가

발행일 | 2022년 4월 5일
글 | 최우미
표지그림 | 롬디
내지그림 | 최인태
펴낸곳 | 림앤림 북스

출판신고 | 2022년 1월 10일 제25100-2022-000002호
주소 | 서울시 노원구 노원로428 204동 102호
전화번호 | 010-8974-9279
이메일 | bluewish74@naver.com

Copyright ⓒ by 최영림, 최인태
all right reserved

ISBN | 979-11-977587-1-3 [13810]

※ 이 책에 실린 모든 내용, 디자인, 이미지, 편집 구성의 저작권은 저자에게 있으며 이 책 내용의 무단 전재와 복제를 금지합니다.

※ 이 책 내용의 전부 또는 일부를 사용하려면 반드시 저작권자와 림앤림 북스의 동의를 받아야 합니다.

49일간의 여정

먼 길
떠난
엄마를 위한
조홍시가

최우미 지음

마지막으로 엄마를 배웅하는 딸의 인사말

엄마가 살아온 인생을 존중해
그래서 고마워
엄마, 사랑해!

림앤림 북스

 **추천사**

어느 늦은 저녁 빠른 걸음으로 집으로 돌아가는 길이었다.

"엄마~~~~~"
갑자기 앞서 천천히 걷고 있던 여성분의 흐느낌 어린 목소리가 들렸다.
뒷모습으로 봤을 때는 50대 정도로 보였는데, 무슨 사연이 있어 그렇게 애달프게 엄마를 불렀을까 한동안 마음속에서 떠나지 않았다. 엄마가 무척 그리웠구나 추측해 볼 뿐이었다.

아무리 나이가 들어도 우리에게 '엄마'란 언제나 세상에서 가장 그리운 존재 아닐까?
내가 가장 힘들고 아플 때 생각나는 사람, 언제나 내 편이 되어줄 것 같은 사람, 세상에서 가장 따듯한 온기를 전해주는 사람……. 그런데 그 엄마를 우리는 언젠가는 떠나보내야만 한다.

최우미 작가님의 책 〈49일간의 여정〉은 그렇게 엄마를 먼저 떠나보낸 후 49일 동안의 이야기를 담은 책이다.
아무런 준비 없이 갑작스럽게 엄마를 보내고 나서의 황망함, 슬픔, 상실감, 후회들. 슬픔을 함께 극복하며 더 단단해진 하나뿐인 여동생과의 우애, 그 하루하루의 기록들을 가감 없이 담았다. 이 책은 엄마의 마지막 길에 바치는 헌사의 글이기도 하다.

엄마의 죽음 이후 그 슬픔을 감당하기 힘든 분, 언젠가 다가올 엄마의 죽음을 생각하면 두려움이 엄습해 오는 분, 후회 없이 엄마와의 시간을 만들고 싶은 분, 살아 계실 때 어떤 준비가 필요한지 알고 싶은 분, 살아 있다는 것만으로도 얼마나 소중한 것인지 느끼고 싶은 분…… 그런 분들에게 일독을 권한다.

먼저 경험한 이의 이야기가 당신에게 잔잔하고 따듯한 위로를 건넬 것이다.

최창희
스토리위너컴퍼니 대표
혹은 〈혼자 일하며 연봉 10억 버는 사람들의 비밀〉 저자

盤中(반중) 早紅(조홍)감이 고아도 보이나다
柚子(유자) 아니라도 품엄 즉도 하다마는
품어 가 반길 이 없을새 글로 설워 하나이다

- 盧溪集(노계집) -

<도움말>
조홍시가는 조선 선조 때
박인로가 지은 연시조로 노계집에 실려 있다.

먹음직스럽고 고운 홍시를 품에 안고 달려가서
어머니께 드리고 싶지만
이미 어머니는 세상에 안 계시기 때문에
서러워진다는 내용이다.

故 임종님 여사의 무한한 자유를 기원하며

목차

프롤로그 엄마와 대봉시　　　　　　　　15

Part 1 엄마의 여정　　　　　　　　　　23
　엄마가 왜 거기 그렇게 있는 거야　　　　26
　엄마에게 무슨 일이 있었던 걸까?　　　　30
　엄마를 위해 우리가 준비해야 할 것들　　35
　엄마와의 마지막 대면　　　　　　　　　38
　49재를 해야지　　　　　　　　　　　　　40
　초대하고 싶지 않아　　　　　　　　　　43
　엄마의 우쿨렐레　　　　　　　　　　　　50
　배웅 가는 길　　　　　　　　　　　　　53
　혼자가 아니야　　　　　　　　　　　　　56

Part 2 자매의 여정   61

  엄마, 이제 아프지 말고 훨훨 날아다니세요!   61

  삼우제가 뭔지 몰랐어   65

  연화정사에서 첫재를   69

  이제는 엄마가 없어   72

  엄마 흔적 지우기   75

  삶의 의미   80

  엄마와의 추억   81

  우선이와 나   86

  49재   89

  마지막 인사   94

  세 모녀의 트라이앵글   97

에필로그 엄마에게 보내는 마지막 편지   111

더하기   사랑하는 사람의 마지막 여정을 위해 알아 두면 좋은 것들   117

프롤로그

프롤로그

 엄마와 대봉시

어느 해였는지는 기억이 흐릿하다. 원래는 엄마와 같은 동네에 살고 있었지만 그때는 아이들이 직장 어린이집에 갈 수 있게 되어서 회사 근처로 이사했기 때문에 멀리 살고 있었다. 아마도 두 아이가 초등학교에 입학하기 전이었던 때의 일로 기억한다. 10월이나 11월이었을 것이다. 그때는 회사가 가장 바쁜 시즌이어서 나는 시간적 여유가 전혀 없었다. 그렇게 정신없이 일에 파묻혀 있던 그날 늦은 오후 시간에 핸드폰이 울렸다.

"우미야, 나 지금 너한테 가고 있는 중인데 이따가 나올 수 있니?"

"!"

깜짝 놀랐다. 엄마가 계신 곳에서 여기까지 지하철을 한 번 갈아타는 노선으로 오려면 꼬박 2시간이 걸린다. 엄마 걸음으로라면 3시간이 넘을 만큼의 거리이다.

그런데 나는 바로 나갈 수가 없었다. 회의 시간이 겹쳐서 움직일 수 없었기 때문이다. 그래서 기다리라는 말만 남기고 전화를 끊었다.

거의 5시가 다 되었다. 급하게 엄마한테 뛰어갔다. 가 보니 엄마는 정문 앞에 있는 경비초소 안에 앉아 계셨다. 힘들게 서서 기다리고 있지 않아서 다행이라고 생각했다.

나를 보고 엄마가 경비초소 밖으로 나오셨다. 나와서는 경비초소 밖에 세워 둔 카트를 가리킨다. 카트 위에는 과일상자 2개가 쌓여 있었다. 대봉시였다. 딸에게 대봉시를 가져다 주고 싶어서 성치 않은 몸으로 무거운 카트를 끌고 여기까지 온 것이다. 단번에 상황을 이해한 나는 대번에 화를 내기 시작했다.

"이렇게 무거운 걸 가지고 여기까지 오면 어떻게 해! 이 많은 걸 누가 다 먹는다고! 지금 시간이 몇 시인데 이렇게 오면 집에는 어떻게 다시 가려고 하는 거야!"

엄마는 괜찮다고 하시며 별 얘기를 하지 않았던 것으로 기억된다. 아마 그때 내가 엄마를 집까지 모셔다 드리지 못할 상황이 있었던 것같다. 그래서 내심 미안한 마음에 엄마한테 이렇게 화를 냈던 것이다.

엄마는 느릿느릿 움직이며 왔던 길을 다시 되돌아가셨다. 나중에 전화해 보니 어두워져서야 집에 도착하셨던 것 같다. 그리고서는 며칠을 앓으셨다고 했다.

그때 아무리 사정이 있었다고 해도 엄마를 집까지 모셔다 드렸어야 했는데, 한꺼번에 익어 버린 대봉시가 감당하지 못할 정도로 많았어도 나라도 남김 없이 다 먹었어야 했는데, 딸의 상황을 십분 이해한다고 하더라도 왔던 길을 혼자 되짚어 가는 그 마음에 어찌 서운함이 없었으랴.

해마다 가을철이 되어 마트에, 가판대에 새빨갛게 고운 홍시가 자태를 드러낼 때면 나는 항상 그날의 엄마 모습이 떠오른다. 대봉시 두 상자를 실은 카트 손잡이를 꽉 쥐고 무거운 발걸음으로 터벅터벅 걷는 엄마의 모습이다.

나는 그렇게 엄마의 큰 사랑을 기반으로 해서 지금의 삶을 살 수 있게 되었다.

엄마를 떠나보내고 엄마의 부재를 온몸으로 견뎌 내면서 나는 엄마의 기억을 이 세상에 남겨야겠다고 결심하게 되었다. 엄마가 항상 내 곁에서 나를 응원하고 있다는 걸 나는 잊고 싶지 않았다.

그래서 나는 글을 쓰기 시작했다.

이 글은 사랑하는 엄마와 이별하고 그 슬픔을 극복해 나가는 과정을 기록한 것이다. 49재까지의 엄마의 여정과 그 이후에 서로 의지하면서 마음을 다잡아 가는 자매의 여정을 보여 주고 싶었다. 그게 바로 엄마가 생전에 그토록 바라던 소원이었다.

사랑하는 사람을 언젠가는 떠나보내야 한다는 것은 모두가 알고 있다. 하지만 떠나보낸 후에 벌어지는 상황에 어떻게 대처해야 하는지는 겪어 본 사람이 아니고는 아무도 알지 못한다. 이 책을 통해 나의 경험을 공유하면서 혼자 남은 사람들에게는 따뜻한 위로가 되고 또 아직 겪지 않은 사람들에게는 함께 있다는 자체가 얼마나 소중한가를 느낄 수 있는 계기가 되기를 바란다.

Part 1
엄마의 여정

Part 1

 엄마의 여정

2021년 10월 19일 새벽 1시 57분

지-잉, 지-잉!

침대 매트 위에 올려놓은 핸드폰 진동 소리다. 지금 기상 알람이 울릴 시간이던가? 벌써 시간이 그렇게 됐나? 전화벨을 느끼는 순간 이런 생각을 하면서 나는 반사적으로 핸드폰을 집어 들었다. 평소보다 빠른 동작이었다.

"언니-! 빨리-! 엄마-!"

"!!!"

우선이의 다급한 목소리에 나는 벌떡 일어났다. 남편을 깨우며 옷을 걸쳐 입고 자고 있는 애들을 깨워 상황을 대충 알리고 집을 나섰다. 엄마한테 급한 일이 생겼음에 틀림없다. 이전에는 한 번도 이런 일이 없었다. 혹시 몰라서 나는 주차장으로 달리면서 119에 전화를 걸었다. 그런데 뭐라고 얘기해야 할지를 모르겠다.

"제가 동생 전화를 받았는데 엄마한테 무슨 일이 생긴 것 같아요."

"지금 계신 곳이 어디인가요? 좀 전에 신고 들어온 건이 하나 있는데요."

우선이가 먼저 신고를 한 모양이다.

"주소가 그곳이 맞나요? 구급차가 갔으니까 그쪽으로 가고 계세요."

전화를 끊자마자 문자가 한 통 왔다. 119에서 긴급구조를 위해 내 휴대폰의 위치를 조회한다는 내용이었다.

남편이 차를 출발시켰다. 나는 아무 생각도 들지 않았다. 머릿속이 텅 비어 있음에도 불구하고.

"그냥 간다."

앞을 보니 직진 신호였고 급하니까 지금 좌회전하겠다는 남편의 말이었다. 새벽이라서 차는 많지 않았다.

엄마 집까지는 차로 5분 거리다. 아파트 입구에서부터 차들이 즐비하게 들어차 있다. 주차하는 남편을 뒤로 하고 나는 먼저 뛰기 시작했다. 저 앞에 구급차 2대가 경광등을 발하며 서 있었다. 생각이고 뭐고 할 겨를이 없었다. 엘리베이터를 타고 11층에서 내렸다. 개가 짖어대는 소리가 들린다. 엄마 집에서 나는 소리다. 복도로 가니 제일 끝 집의 현관문이 활짝 열려 있고 빛이 환하게 새어 나오고 있다. 나는 다시 뛰었다.

집 안에 구조대원들이 있었다. 심폐소생술을 하고 있는 듯하다. 구조대원들 사이로 길게 뻗어 누워 있는 엄마의 몸이 보인다. 그 뒤쪽에 우선이가 바닥에 주저앉아 울고 있다.

"내가 일 끝나고 집에 왔는데 엄마가 화장실에 쓰러져 있었어."

나를 보고 우선이가 울면서 말했다.

강아지들이 낯선 상황에 마구 짖어 대고 있다. 구조대원 한 명이 큰소리를 친다.

"강아지 좀 치워 주세요. 지금 처치 중이잖아요."

우선이가 놀라서 분주하게 움직이지만 어찌 할 바를 모르는 모양새다. 그때 막 들어온 남편이 우선이 대신에 강아지들을 발코니로 내보냈다.

심폐소생술을 하는 소리, 우선이의 울음 소리 그리고 다급함. 얼마나 그 상태로 있었는지 모르겠다. 구조대원들이 움직이기 시작했다. 응급실로 갈 거라면서 따라오라고 했다. 우선이가 구급차에 타고 가고 나와 남편은 구급차를 따라가기로 했다.

엄마가 왜 거기 그렇게 있는 거야

구급차가 병원으로 먼저 들어갔다. 나와 남편은 주차장에 차를 세우고 병원으로 들어갔지만 응급실로는 갈 수가 없었다. 보호자 1인 이외에는 들어갈 수 없었기 때문이다. 응급실 앞 의자에 우선이가 앉아 있는 게 보였다. 의사가 나와서 뭐라고 말하고는 다시 들어간다. 우선이도 다시 의자에 앉는다. 그런데 잠시 후 큰소리로 통곡하는 소리가 들린다. 옆에 있던 다른 환자의 보호자들이 일제히 우선이를 쳐다본다. 그러자 의사가 나와서 우선이 옆에 있어 주라고 나를 응급실 안으로 들여보내 주었다.

그러나 나는 우선이 옆에 앉아 두리번거릴 뿐이었다. 응급실 자동문으로 그리고 응급실과 외부로 연결되는 자동문으로 그리고 우선이로 그리고는 다시 응급실 자동문으로 시선을 옮겨 갔다. 그 이외에는 할 수 있는 일이 없었다. 한참 후에 그 자동문이 열리고 의사가 나왔다.

"계속 심폐소생술을 하고 있었는데 심장이 멎었습니다. 앞으로 20분 정도 더 심폐소생술을 계속할 건데 생각은 하고 계셔야 할 것 같습니다."

"충분히, 충분히 심폐소생술 해 주세요."

우선이가 다급하게 말했다. 의사는 그러겠다는 말을 남기고 자동문 안으로 사라졌다.

그 순간 우선이는 쓰러지듯이 의자에 털썩 앉았다. 그리고는 나를 똑바로 쳐다보면서 외친다.

"언니! 어떡해! 엄마 죽으면 나 어떡해! 어쩌지? 나 아직 엄마 보낼 준비가 안 됐어. 나 어떻게 해-!"

나는 아무 말도 못하고 오열하는 우선이의 등을 쓰다듬기만 했다.

나는 아직도 이 상황이 실감 나지 않는다. 구조대원에게 얼굴이 가려진 채로 누워 있던 엄마가 생각난다. 난 아직 엄마 얼굴도 보지 못했다. 아니, 못 봐서 다행이라고 생각했을지도 모른다. 나는 무서웠다. 저 안에 엄마가 어떤 얼굴로 누워 있을지 생각조차 할 수가 없었다.

"조금 전에 심장 박동이 돌아왔습니다. 그런데 그게 정상으로 돌아왔다는 의미는 아니고 일시적으로 그런 경우가 있습니다. 계속 심폐소생술을 하겠습니다."

자동문으로 나온 의사는 이 말을 남기고 자동문 안으로 다시 사라졌다.

우선이가 다리를 떨기 시작한다. 긴장감을 덜기 위해 일부러 크게 움직이는 동작으로 내게는 보였다. 그 큰 움직임에 따라서 내 마음도 초조해지기 시작했다. 얼마가 지났을까. 의사가 다시 자동문 사이로 모습을 나타냈다.

"저희들이 할 수 있는 한 최선을 다했지만 심장이 다시 멈췄습니다. 거의 한 시간 가까이 심폐소생술을 했는데 이 정도까지 되면 이제 더 이상 할 수 있는 일은 없는 것 같습니다. 처치실을 정리하고 나서 들어오실 수 있게 할 테니 잠시 기다려 주십시오."

얼마큼을 기다렸는지 모르겠다. 내가 실제로 응급실 안으로 들어갔었는지도 기억나지 않는다. 어쩌면 우선이는 들어갔을지도 모른다. 천으로 덮은 이동침대를 따라간 기억은 난다. 천이 흰색이었는지 파란색이었는지는 떠오르지 않는다. 한참을 따라갔는데 또 기다리라고 했다. 영안실이 준비가 되면 부르겠다고 했다. 복도에서 마냥 기다리고 있었다. 긴 기다림 후에 병원 직원이 부르는 소리가 들렸다. 나는 소리가 난 쪽으로 발걸음을 옮기기 시작했다. 그때 우선이가 나를 멈춰 세우며 말했다.

"언니는 힘들면 안 들어가도 돼. 나 혼자 갔다 올게."

평소 내가 겁이 많은 걸 아는 까닭에 그렇게 말했으리라.

엄마도 예전에 이런 말을 한 적이 있었다.

"네 외할머니가 돌아가셨을 때 엄마는 외할머니 근처에도 못 갔어. 너무 무서웠거든. 너도 나중에 내가 죽으면 굳이 나 보지 않아도 괜찮아."

그렇지만 나는 우선이 뒤를 따라 걸어가는 발걸음을 멈추지 않았다.

작은 공간이었다. 사방에 사물함 같은 장들이 들어차 있었고 비어 있는 가운데 공간의 한쪽켠에 아까 따라왔던 이동침대가 놓여 있었다. 그리고 그 위에 엄마가 누워 있었다. 먼저 들어온 우선이는 엄마 얼굴을 손으로 감싸며 소리 내어 울고 있었다.

"엄마, 고생했어. 힘들었지? 우리 엄마 겁도 많은데 혼자서 무서웠지? 잘했어. 이제 됐어. 이제 괜찮아. 잘했어, 엄마."

나는 차마 가까이 다가갈 수가 없었다. 하지만 지금이 아니면 안 된다는 생각에 용기를 내어 조금씩 다가갔다. 누워 있는 엄마의 몸에서 엄마의 얼굴로 시선을 옮겨 본다. 엄마가 눈을 감고 있다. 마치 피곤한 몸을 누이고 깊은 잠에 빠진 듯한 표정으로 엄마가 누워 있다.

아마 하염없이 울었던 것 같다. 무섭다거나 슬프다거나 힘들다거나 그런 감정은 느껴지지 않았다. 그냥 눈에서 눈물이 끊임없이 샘솟았다.

"엄마-, 엄마-, 엄마-!"

밖에서 직원이 재촉한다. 영안실은 세균이 번식하기 때문에 감

염의 위험이 있다고 했다. 그래서 오래 머물러 있으면 안 된다는 것이다. 우선이와 나는 거의 끌려나오다시피 복도로 나왔다.

엄마에게 무슨 일이 있었던 걸까?

복도에는 경찰관 두 명이 있었다. 응급실에서 엄마의 사망원인이 미상이라고 했기 때문에 사인을 규명하기 위해서 출동한 것이었다. 상황을 파악하기 위해 경찰관이 처음 엄마를 발견한 우선이에게 이것저것 묻자 우선이가 대답했다. 여전히 울먹거리고 있다.

"제가 일 끝나고 새벽 2시쯤 집에 들어갔는데 엄마가 화장실에 반듯하게 누워 계셨어요. 평소 당뇨나 고혈압 같은 지병은 있었지만 요즘 컨디션이 정말 좋았어요. 오늘도 저녁 8시에 콩국수 드시는 걸 CCTV로 확인했어요. 집에 누가 들어왔던 흔적 같은 건 전혀 없었고요."

요즘 들어 우선이는 엄마가 많이 걱정됐던 것 같다. 엄마가 드시고 싶다 하셔서 내가 다니던 한의원에서 한약을 지어 드렸는데

가스불 위에 올려 놓고는 깜박하는 바람에 냄비를 태운 일이 있었다고 했다. 그래서 우선이는 집에 CCTV를 설치해 두고 일하는 중간중간 엄마가 뭘 하고 있는지 확인하곤 했다.

"병원에서 사망진단을 내린 게 아니기 때문에 사망진단서는 나오지 않습니다. 바로 감식반이 와서 감식을 할 겁니다."

우선이의 대답 내용을 수첩에 기록하던 경찰관이 말했다.

경찰관의 이야기가 끝나자 근처에 있던 남자가 우리를 사무실 안으로 불러들였다. 장례식 준비에 대해서 설명해 주겠다고 했다. 남자는 장례식장 직원이었던 것이다. A4 용지 몇 장을 탁자 위에 올려놓고 장례용품과 절차에 대해서 이것저것 이야기하기 시작했다. 뭐가 뭔지 귀에 하나도 들어오지 않았다. 그나마 남편이 나서서 뭔가 이야기하고 있는 것이 다행스런 일이었다.

그때 방호복을 입은 감식반이 도착했다. 경찰관이 했던 질문과 똑같은 내용을 물어본다. 우선이도 역시 똑같은 대답을 한다. 그리고 나서 바로 시신 감식에 들어가겠다고 했다.

시간은 그리 오래 걸리지 않았다. 감식을 마친 듯 감식반원들이 사무실 앞으로 걸어와서는 그중 한 명이 우리에게 설명했다.

"원래는 현장에 가서 검사를 해야 하는데 외부에서 누가 들어

온 흔적도 없다 하시니까 그럴 필요까지는 없을 것 같습니다. 어머님이 고령이신데다가 지병도 있으셨다니까요. 명확한 사인 규명을 위해서 부검을 원하시는 게 아니라면 내일 외부 의사가 오셔서 시체검안서를 발부하게 될 겁니다."

뒤에 서 있던 또 다른 감식반원이 말했다.

"몸에 외상은 전혀 없었어요. 사인은 정확히 알 수 없지만 지금 상황으로 봐서는 어머님께서 편안하게 가신 것 같습니다."

"!"

눈물이 왈칵 쏟아졌다. 그 말이 내게 큰 위안으로 다가왔기 때문이었다.

엄마는 최근 들어 그런 말을 몇 번 한 적이 있다.

"내가 오래 아프지 말고 빨리 가야 네가 고생을 안 할 텐데."

그럴 때면 나는 쓸데없는 말을 한다고 핀잔주곤 했다. 왜 그랬을까. 좀 부드럽게 말할 수도 있었을 것을.

외부 의사는 다음날 아침이 되어서 도착했다. 이번에도 똑같은 질문들이다. 똑같은 답변들이 이어진 후 외부 의사는 말했다.

"특별한 외상도 없고 오랫동안 지병이 있었고 다리 근육도 많이 빠져 있네요. 원래 식사를 오랫동안 잘 못하면 몸이 약해져서 심장에 문제가 생기는 경우가 많습니다. 아마도 그게 원인이었던 것 같군요."

 한 두 달 정도 전이었던 것 같다. 엄마는 그때 갑자기 전혀 걷지를 못하셨다. 팔도 쓰지를 못하셨다. 병원에서는 디스크 협착 때문에 다리가 저리고 아파서 못 걷는 거라 했고 또 팔은 회전근개 파열 때문에 아픈 거라고 했다. 진통제를 처방해 줬을 뿐 시술이나 치료는 안 된다고 했다. 한참 아프다가 괜찮아지고 다시 아프다가 괜찮아지니까 아플 때 병원에 오라고 했었다. 몸이 아파서 그랬는지 입맛이 없어져서 그랬는지 엄마는 통 드시지를 못했다. 국이나 반찬을 만들어 가도 하루에 두 숟가락이 고작이었다. 먹을 수 있는 건 다 먹으라고 나는 화를 냈다. 엄마가 엄마만 봐 달라고 투정 부리는 거라고 생각했다. 내가 목소리를 조금만 높여도 엄마는 침묵하셨다.

 하지만 가장 힘든 건 내가 퇴근해서 엄마한테 들르는 8시부터 9시 사이를 제외하고는 엄마 혼자 내내 누워만 있다는 사실이었다. 그래서 요양보호사를 쓰게 되었다. 엄마 혼자 있는 시간을 최대한 줄여 주고 싶었다. 그렇게 한두 달을 누워서만 계셨다.

 그러다가 어느 때부터인가 조금씩 기운을 차리고 일어나 앉아 있게 되었다. 먹는 것도 3분의 1 공기까지 드시게 되었다. 보조기구를 이용해서 집 앞에까지 산책을 나가기도 했고 전동휠체어를 타고는 우리 집까지도 올 수 있게 되었다. 그렇게 회복이 되고 있다고 생각했었다.

외부 의사는 이렇게 진단을 내렸다.
'고혈압성 심장질환으로 급히 사망 추정'

엄마가 고혈압 약을 복용하기 시작한 건 아마도 50대 중반 이후였을 것이다. 그러니까 30년 가까이나 됐다. 그러는 사이에 당뇨도 생겼고 뇌동맥류 때문에 15년 전에는 뇌수술도 하셨다. 그때 어지럼증을 많이 호소하셨는데 대학병원에서 검사한 결과 뇌동맥류가 있다며 바로 수술해야 한다고 했다. 큰 수술이었다. 엄마로서는 죽음을 각오한 수술이었다. 다행히도 회복되었지만 7년 후에는 다리가 문제였다. 다리가 퉁퉁 부어서 걸을 수 없을 지경이었는데 동네병원에서 처방받은 진통제의 부작용이었다. 대학병원에 갔더니 이번에는 고관절 치환술을 권유했고 그래서 수술을 했다. 그런데 엄마가 많이 힘들었던 것 같다. 수술 후에 섬망 증상이 생길 정도였다. 그렇게 힘든 수술을 두 번이나 했는데 지금 와서 보면 결국 크게 달라진 건 없는 듯하다. 수술을 안 하는 게 나았으려나 하는 생각이 들었다.

엄마를 위해 우리가 준비해야 할 것들

    빈소가 차려지고 상복이 도착했다. 옷을 갈아입고 나가 보니 회사에서 보낸 근조화환이 세워져 있었다. 그리고 조문객에게 대접할 음식과 함께 도우미 아주머니도 오셨다. 나는 다시 빈소로 들어가서 앉았다. 그리고는 고개를 들어 엄마의 영정사진을 바라보았다. 우선이가 집에서 급하게 찾아온 사진이다. 사진 속의 엄마는 활짝 핀 꽃들 속에서 환하게 웃고 있다.

    아마 20년 전쯤이었을 것이다. 셋이서 이렇게 교외에 놀러 가는 것은 처음이다. 특히 엄마는 놀이동산이라는 곳 자체가 처음이다. 그래서일까, 그날 하루 종일 들떠 있었다. 전날 소풍 가는 기분으로 간식거리를 한가득 싸놓고 설레는 통에 잠을 한숨도 못 잤다고도 했다. 놀이기구도 타고 잘 꾸며진 테마 가든도 구경하면서 즐거운 마음에 정말 많이 웃었고 사진도 많이 찍었다. 그때 찍은 사진을 앨범으로 만들어 두었다. 그 안에서 우선이가 한 장을 골라온

듯하다. 그런데 의외로 독사진이 없었나 보다. 알맞은 사진을 찾지 못해서 이 사진을 가져온 것이겠지.

 기분이 이상하다. 사진 속의 엄마를 마주 보고 앉아 있는 이 상황을 견딜 수가 없다. 엄마가 여기에 없다니, 저렇게 오래된 사진으로만 남아 있다는 사실이 받아들여지지 않았다. 아니, 내 감정을 제대로 감지할 수가 없었다. 나는 그냥 소리 내어 울고 있었다.

 잠시 후 나는 다시 현실과 마주해야 했다. 우리는 텅 빈 식당에서 상담사와 마주 앉았다. 화장장은 정했지만 아직 장지를 정하지 못했기 때문에 상담 약속을 잡아 놨었다.
 "어떤 형태로 하실 거지요?"
 "엄마가 생전에 수목장을 원하셨어요."
 "언니, 엄마가 최근에는 봉분을 세워 달라고 했었어."
 아, 그랬지. 원래 엄마는 화장하는 것 자체를 무서워하셨다. 아무리 죽었다고 해도 다시 뜨거운 불에 탄다는 게 무섭다고 하셨다.

 어느 해인가 윤달이 들었던 적이 있었다. 보통 윤달에는 수의도 맞추고 무덤을 만들 땅도 산다고 들었다. 그렇게 해야 장수한다는 속설이 있기 때문이다. 그래서 그때 땅을 사고 싶어서 큰 이모에게 상담을 한 적이 있었다. 그런데 큰 이모도 이게 보통 큰일이 아니어서 함부로 내게 조언을 해 줄 수가 없었던 모양이다. 오히려 엄마에게 비밀로 하고 싶었던 일을 누설한 것이다. 이 사실을 알게 된 엄마는 순간 겁이 덜컥 났다고 했다. 그래서 아무것도 하지 못했고 그냥 해프닝으로 끝나 버렸다.

그러던 엄마가 몇 년 전부터 화장해서 수목장으로 묻어 달라고 하셨다. 아마도 막내 삼촌이 돌아가시고 난 이후였던 것 같다. 그랬다가 그 후에 봉분을 만들어 달라고 했던 것을 우선이 말을 듣고서 떠올리게 된 것이다.

그런데 상담사는 유골을 묻는 형태로는 봉분을 세울 수가 없다고 말했다. 나중에 사촌 언니에게 들은 얘기지만 자기 땅이 아니면 매장을 할 수 없게 법이 돼 있다고 한다.

상담사는 적당한 곳이 있다면서 한 곳을 추천했다. 그런데 말만 들어서는 도무지 알 수가 없었다. 하는 수 없이 우선이가 직접 가서 보고 사진을 찍어서 보내 주기로 했다. 한 시간 남짓 지나고 나서 우선이가 사진을 보내 왔다. 잔디밭 위에 검은 비석이 수평으로 놓여 있는 사진이다. 그걸 평장이라고 했다. 한 비석에 두 자리가 들어가는 형태이고 사진을 찍은 그 위치가 햇볕이 잘 들고 바로 앞에는 시야가 가려지지 않아서 전망이 좋다고도 했다. 우리는 여기저기 찾아보고 선택할 수 있는 상황이 아니었다. 우선이가 괜찮아 보인다고 했기에 그렇게 하기로 결정했다.

엄마와의 마지막 대면

오후가 되자 조문객들이 하나둘 찾아오기 시작했다. 조문객은 향을 피우고 헌화하고 절을 한다. 우리는 절이 끝나기를 기다렸다가 맞절을 한다. 그리고는 조문객을 남편과 우선이에게 소개하고 그 두 사람을 조문객에게 소개한다. 그리고 빈소 건너편 식당으로 조문객을 안내하고 음식을 대접한다. 나도 자리에 앉아 감사인사를 하고 묻는 말에 천천히 때로는 눈물을 억누르며 대답을 한다. 그러다가 다른 조문객이 찾아오면 나는 양해를 구하고 자리에서 일어나서 다시 빈소로 들어가 두 손을 모아 잡고 선다.

그러던 중 염을 한다는 연락이 왔다. 그 과정을 마치면 엄마를 볼 수 있다고 했다. 그 전에 볼 수 있는 방법이 없는지를 물었을 때 염을 시작하기 전 준비작업을 할 때 들어갈 수 있다고 해서 미리 양해를 얻은 터였기 때문에 우선이는 서둘러 나갔다. 그런데 바로 얼마 지나지 않아 복도 끝에서 오열하는 소리가 들렸다. 우선이였다. 나는 복도로 나가 볼 엄두도 내지 못한 채 기다릴 뿐이었다. 잠시 후 우선이는 지친 모습으로 돌아왔다.

그로부터 한참 시간이 지나서 다시 연락이 왔다. 입관식을 한다고 했다. 나는 떨리는 마음으로 따라 들어갔다. 투명한 칸막이가 있는 방이었다. 그 칸막이 너머에 엄마가 누워 있었다.

수의를 입은 그 모습이 너무도 어색했다. 왜 엄마가 이런 이상한 분홍색 옷에 우스꽝스러운 고깔모자를 쓰고 있는 건지 도무지 알 수가 없었다. 우선이는 이미 울부짖고 있었던 것 같다. 나는 무서움에 느릿느릿 다가갔다가 어느 순간부터인지 오열하고 있었다. 그냥 옆에 서서 한참을 울고 있었던 것 같다. 그때 뒤에서 남편의 목소리가 들렸다.

"어머니 손 좀 잡아 드려."

그래, 지금이 마지막이야. 지금이 아니면 이제 엄마를 볼 수가 없어.

나는 용기를 내어 천천히 엄마의 손등 위에 손가락을 얹어 보았다. 그리고 쓰다듬기 시작했다. 그러면서 내내 울기만 했던 것 같다.

49재를 해야지

생각보다 회사 동료들이 많이 와 주었다. 이맘때는 회사가 바쁜 시즌이기도 하고 더군다나 코로나 때문에 조문을 삼가는 분위기가 있었음에도 말이다. 조문을 마친 사람들을 배웅하는 사이 우선이가 옆에서 이런 말을 했다.

"나는 모르는 사람들이지만 엄마 보러 많이들 와 주니까 정말 좋다."

그랬다. 그리고 이런 조문이라는 행위가 내게 이렇게나 위안이 되는 건지도 몰랐었다. 지금 현재 내가 할 수 있는 일이 있다는 게 다행으로 여겨졌다.

가깝게 지내던 선배가 왔다. 조문을 마친 뒤에 내게 가만히 물었다.

"49재는 어떻게 할 생각이야?"

"!"

생각도 못 한 일이었다. 장례를 치르고 나서 49재라는 걸 한다는 건 알고 있었지만 지금의 내 머릿속에는 처음으로 꽂히는 단어였다.

선배는 두 군데를 추천했다. 한 군데는 집 근처에 있는 절인데 예전에 회사 법당에 와서 경전 강의를 해 주셨던 분이 주지로 계신 곳이다. 또 한 군데는 마찬가지로 회사 법당에 와서 직원들을 위해 기도해 주시던 스님이 주지로 계신 절이다. 두 분 다 나를 알지는 못해도 이런 인연을 설명하면 충분히 도와줄 것이라고 선배는 말했다.

선배가 가고 나서 나는 검색을 시작했다. 거리뷰로 위치를 확인해 보았다. 한 군데는 집에서 10분이면 갈 수 있는 거리였다. 주택가 안에 위치한 빌라에 절이 자리하고 있었다. 나는 약간 실망했다. 생전에 송광사에 가 보고 싶어 하셨던 엄마인데 이런 사찰 느낌도 안 나는 절에서 해도 될까 싶었다. 다른 곳을 검색해 보았다. 예전에 불교 관련 신문에서 언뜻 봤던 기억이 있다. 건물 사진은 없고 단체사진만 하나 있었다. 연화정사, 정읍이라고 했다. 정읍이 어디지? 지도를 찍어 보았다. 아, 너무 멀다.

일단 셋이서 상의해야 할 것 같았다. 조문객이 뜸한 사이에 빈소에 앉아서 이야기를 나눴다. 나는 내가 찾아본 사항들을 이야기했다. 그러자 우선이가 말했다.

"엄마가 차 타고 다니는 거 좋아했으니까 정읍도 괜찮을 것 같아. 여행 삼아서 쉬엄쉬엄 가라 하면 좋잖아. 그리고 조금이라도 아는 사람한테 해야 엄마한테 더 잘해 줄 것 같아."

그러고 보니 그 스님께서는 지금 살고 있는 집에 이사 들어올 때 어떻게 하면 좋겠냐고 내가 카톡으로 물었던 적이 있었다. 스님은 아주 상세하게 방법을 일러 주셨고 나중에 인사를 드렸을 때 딸아이가 가끔 자다가 울면서 깬다고 하니까 기도해 주시겠다고 하셨다. 그래, 이분이라면 말을 꺼내기도 어렵지 않을 것 같았다.

일단 카톡을 보내고 기다렸다. 그리 오래 기다리지는 않았다. 스님이 전화 통화를 하고 싶어 하셨다. 나는 전화를 걸어 조심스럽게 이야기를 풀어 나갔다. 스님은 편안하게 받아 주셨고 49재를 맡겨 준다면 성심껏 지내겠다고 하셨다.

그런데 알고 보니 49재만 지내는 게 아니었다. 돌아가신 후 7일째 되는 날을 첫재라고 했다. 연이어서 2재, 3재, 4재, 5재, 6재를 지내고 마지막으로 7재를 지내는데 그걸 막재 또는 49재라고 한다고 했다. 사람들 상황과 형편에 맞춰서 하기 때문에 일곱 번의 재를 모두 지내는 경우도 있고 첫재와 막재만 지내는 경우도 있다고 한다. 그리고 다른 재에는 가지 않고 막재 때만 참석하기도 한다고 했다. 연화정사는 서울에서 정말 멀었다. 매주 간다는 건 사실상 불가능했다. 그래서 우리는 첫재와 막재 때 내려가기로 했다.

초대하고 싶지 않아

저녁 무렵 시댁 식구들이 아이들을 데리고 장례식장으로 왔다. 조문을 마치고 다들 식사하러 간 사이 시어머니가 내 손을 잡아끌면서 말을 걸기 시작했다.

"아버지한테는 연락드렸니?"

"아니요"

"연락드려야지."

"그럴 생각 없는데요."

"그래도 그러는 거 아니다. 연락해야지."

"생각해 볼게요."

벌써 20년 가까이 연을 끊고 살았다. 호적 정리만 안 되어 있을 뿐이지 실질적으로는 남이다. 엄마는 최근에도 법적으로 이혼하고 싶어 하셨다. 실제로 한 번 만나서 이혼 얘기도 꺼냈지만 들은 척도 하지 않았다고 한다.

다정한 아버지, 화목한 가정 같은 건 바라지도 않았다. 그저 엄마가 이 지긋지긋한 생활에서 벗어나 자유롭게 살아가길 바랐다. 그래서 예전부터 이혼을 권유했다. 하지만 그때마다 돌아오는 대답은 부모가 이혼하면 자식 결혼에 방해가 된다는 것이었다. 그게 뭐가 그리 대수라고, 나는 마뜩지 않았다. 그래서 엄마와 우선이가 따로 집을 구해서 나왔을 때 정말 기뻤다. 이제 드디어 엄마가 자유를 찾았구나.

한때 잠시 고민한 적이 있었다. 엄마가 편찮으실 때였다. 그때 당시 나는 멀리 살고 있어서 겨우 주말이나 돼야 올 수 있었다. 우선이는 일을 해야 했고 그래서 엄마는 혼자 보내는 시간이 많았다. 분명 힘들고 외로웠을 것이다. 만약에 엄마가 따로 나오지 않고 그대로 살고 있었다면 외롭지 않았을까? 진절머리 나게 싫은 사람이라도 혼자보다는 같이 있는 게 더 나았을까? 나는 고개를 흔들었다. 다 부질없는 생각이다.

이제 와서는 더더욱 연락할 생각이 없었다. 이곳에 발도 들여놓게 하고 싶지 않았다. 생각해 보겠다고 말은 했지만 내 마음은 확고했다.

그런데 조문을 마친 산호의 말에 내 마음이 흔들리기 시작했다. 산호는 첫 직장에서 만나 지금까지 가깝게 지내고 있는 20년지기 친구이다. 엄마와도 서로 안부를 주고받을 정도로 친하게 지냈다.

"아버지한테 연락할 거야?"

"아니."

"그런데 내가 너한테 오기 전에 여기저기 알아봤는데 연락을 하는 게 어떨까 싶어."

"왜? 그럴 이유가 전혀 없는데?"

"돌아가신 분이 편히 못 가신대."

"……!"

"이혼한 부부도 한 사람이 먼저 죽으면 자식이 없는 경우는 그냥 알리지 않지만 자식이 있는 경우에는 연락을 한다고 그러더라고."

생각도 못 한 일이었다. 엄마가 편히 못 간다니, 정말로 그럴까? 엄마가 과거의 일들을 다 용서하고 풀고 가고 싶을까? 생전에는 말 꺼내는 것조차 싫어하실 정도였는데. 머릿속이 복잡해지기 시작했다.

아무도 없는 빈소에서 우선이에게 의견을 물었다. 우선이도 엄마가 편히 못 가신다는 말에 놀란 듯했다. 어떻게 할까 고민하다가 결국 알리는 것까지만 하기로 했다. 오든 안 오든 그건 우리가 상관할 바가 아니다. 그게 우리가 할 수 있는 최선이라고 생각했다.

장례식장 밖으로 나가 핸드폰을 들고 잠시 만지작거렸다. 그리고는 혹시나 무슨 일이 있을지 몰라서 이름도 입력하지 않고 저장

해 두었던 전화번호를 눌렀다. 전화벨이 한참 울리고 나서야 통화 연결이 되었다. 그러나 아무 소리도 들리지 않았다.

"저 우미예요."

"네가 어쩐 일이냐!"

"엄마가 오늘 돌아가셨어요. 알려 드려야 할 것 같아서 전화했어요."

"알았다."

어찌 하겠다는 말도 없이 그게 끝이었다.

엄마가 진정으로 바라는 건 뭘까?

30분도 안 되어 양복 차림으로 빈소에 나타났다. 서로 인사를 나누었는지는 기억나지 않는다. 말 없이 핸드폰을 내 앞에 내밀었고 나도 말 없이 핸드폰을 받아 들었다. 핸드폰 너머로 또 다른 목소리가 들린다. 목소리는 흐느끼고 있었다.

"나야. 왜 나한테는 엄마 돌아가셨다고 연락 안 했어?"

"……"

"나 가도 되니?"

"……"

"나 가, 말아?"

"오고 싶으면 와도 돼."

전화가 끊기자마자 바로 복도 쪽에서 우당탕탕 소리가 들렸다.

여전히 우락부락한 모습의 남자가 빈소에 뛰쳐들어와서 엄마의 영정사진을 보고는 허공에 팔꿈치를 대고 소맷부리를 눈에 댄 채로 흐느낀다. 잠시 그렇게 있다가 천천히 제단 앞으로 걸어와 향을 피우고 국화를 한 송이 올리고서는 절을 한다.

"엄마, 이제 와서 죄송해요. 내가 잘못했어. 용서해 주세요."

엄마가 우선이와 따로 나와 살기 시작하고 얼마 지나지 않아 왕래를 끊고 살았던 오빠다. 그 이유에 대해서는 서로가 다른 버전으로 기억하고 있었다는 걸 나중에사 알게 됐지만 어쨌든 그건 이제 더 이상 중요하지 않다. 다 지나간 일이 되었을 뿐이다.

오빠가 남편에게 양해를 구했다. 상주가 바뀌었고 그 변화를 눈치 챈 일부 회사 동료들이 상황을 궁금해하기도 했다. 세 남매의 회사에서 각각 근조화환이 도착했고 조문객은 더욱 많아져 분주해지기까지 했다.

연락을 받은 외가 친척들도 속속 도착했다. 그중에서도 몸이 불편한 작은 이모는 사촌 언니의 부축을 받아 멀리까지 왔다. 6남매 중에 큰 이모, 엄마, 작은 이모 이렇게 셋만 남았었고 그나마 큰 이모는 요양병원에 계신 상태였다. 조문을 마친 작은 이모는 내게 넌지시 물었다.

"오빠한테는 네가 연락했니?"

"네."

"그래, 잘했다."

"……"

정말 알고 싶었다. 과연 내가 잘한 걸까? 엄마가 원하는 게 그거였을까?

평소 엄마는 오빠 얘기는 하지 않았다. 그저 괘씸하다고 하는 말을 한두 번 정도는 들었던 것 같다. 마지막으로 봤을 때 서너 살이었던 막내 조카가 지금은 19살이라고 한다. 정말 그랬다. 많은 시간이 흘러가 있었다.

내가 상념에 빠져 있는 사이에 옆에서 약간 격앙된 목소리가 들렸다.

"지금 집에 갔다가 내일은 안 오신다고요?"

"내가 여기 있어 봤자 할 일도 없지 않냐."

"오늘은 가도 내일 다시 와야지요. 그러면 발인 때는 어떻게 하실 건데요?"

"나도 몸이 불편하고 굳이 내가 안 가도……"

"아버지! 오늘은 집에 갔다가 내일 오세요. 그리고 발인도 같이 가세요!"

단호함이 서려 있는 목소리였다. 그리고는 침묵이 흘렀다.

조문객들로 떠들썩했던 장례식장도 조용해졌다. 각각의 빈소마다 영정사진과 그 가족들만 남아 있다. 시댁 식구들은 아이들을 데리고 이미 우리 집으로 갔다. 우선이는 하루 종일 갇혀 있는 강아지들을 돌보러 집에 갔다.

오빠는 조문객을 맞이하느라 마신 술에 취해서 쓰러져 자고 있다. 엄마에 대한 그리움, 죄책감을 누르기 위해 술을 쏟아부은 듯했다. 엄마가 이 모습을 보면 무슨 생각을 했을까? 오빠에 대해 괘씸하고 서운했던 마음을 모두 내려놓고 안아 줘야겠다고 생각했을까?

장례식장은 이제 고요 속에 잠겼다. 슬픔과 고단함에 지쳐 다들 쉴 곳을 찾아 몸을 누인다. 나는 환하게 불이 켜져 있는 영정사진 앞에 자리를 잡았다. 엄마가 마주 보이도록 누워서 바라보았다. 우선이 전화를 받은 때로부터 24시간이 지났다. 그 시간들을 하나하나 되짚어 보지만 지금도 잘 모르겠다. 지금 이게 현실이라고? 나는 누워서 영정사진을 바라보면서 연거푸 엄마를 불러본다.

"엄마…… 엄마……"

얼마간 잠이 들었던 것 같다. 한번 잠이 깨니 더 이상 잠을 잘 수도 없었다. 세수하려고 화장실에 나가면서 보니 다른 빈소에는 아직 사람들이 자고 있었다.

엄마의 우쿨렐레

 아직은 내가 할 일이 없었다. 그래서 빈소 한쪽에 작은 상을 펼쳐 놓고 집에서 가져온 사경책을 쓰기 시작했다. 예전에 49재까지 사경을 하면 돌아가신 분에게 도움이 된다는 얘기를 들은 기억이 있어서 일부러 챙겨 온 것이다. 엄마를 생각하면서 한 획 한 획을 그어 나갔다. 그때 우선이가 들어왔다.

"언니, 그거 뭐야?"

"응, 불교 경전을 쓰는 건데 이거 하면 엄마한테 좋다고 해서 쓰고 있었어."

"그래? 그럼 나도 써 볼까?"

 내심 놀랐다. 열심히 불교 수행하는 사람들도 사경은 힘들다고 말하는데 종교에는 아무 관심도 없던 우선이가 자발적으로 하겠다고 하니 말이다. 그래서 바로 사경책을 주문했다. 나중에 들은 이야기지만 우선이가 퇴근해서 집에 가면 매일매일 향을 피워 놓고 사경을 했다고 했다. 오로지 한 가지 생각뿐이었을 것이다. 그 마음만을 의지처로 삼아서 우선이는 49일을 보냈을 것이다.

빈소는 다시 고요해졌다. 나는 빈소 앞 영정사진 앞에서 그저 멍하니 앉아 있었다. 그때 남편이 다가왔다. 내 앞으로 핸드폰을 내민다.

"이거 한번 볼래? 나도 모르고 있었는데 언제 이런 걸 찍었더라구."

앗, 엄마다. 동영상 속의 엄마는 우쿨렐레를 연주하면서 노래를 부르고 있다. 서툰 손놀림이지만 망설임은 없다.

확실히 기억나지는 않지만 그래도 최근의 일이었다. 구청에서 진행하는 여러 프로그램 중에 우쿨렐레 강좌가 있었는데 그걸 해보고 싶다고 엄마가 처음 말했었다. 그때는 악기를 빌려서 몇 개월인가를 배워 봤는데 그게 재미있었던 모양이다. 일찍 가서 복습도 하고 선생님한테 질문도 많이 한다고 엄마는 내게 얘기했었다. 그 과정이 끝나자 엄마는 더 배워 보고 싶다고 했다. 그래서 그때 우쿨렐레를 사 드렸다. 비싼 거 사느라고 돈 썼다고 미안해 하면서도 무척이나 기뻐하셨다. 그리고 집 앞에 있는 센터에 등록하고 싶다며 내게 부탁하셨다. 선착순으로 마감되기 때문에 나는 출근해서 9시가 되자마자 홈페이지에 접속해서 신청하고는 전화로 신청했다고 엄마에게 알려 드렸다. 그렇게 센터에서 배우고 또 집에 돌아와서는 그날 배운 걸 그대로 연습한다고 즐겁게 얘기하곤 했다.

그렇게 몇 개월이 지났을까. 그즈음에 디스크 때문에 다리가 아파서 꼼짝을 못 하셨다. 몸이 아프니 우쿨렐레도 손을 놓게 되었다. 그래도 엄마 집에 가면 방 한쪽에 항상 우쿨렐레가 세워져 있었다. 나중에 엄마 집에 갔을 때 우선이가 말했다.

"엄마가 우쿨렐레 좋아했어. 그게 항상 바닥에 세워져 있어서 내가 선반 위에 올려놨더니 엄마가 다시 할 거니까 바닥에 내려놓으라고 하면서 화냈었어."

"따르릉 따르릉 비켜나세요. 자전거가 나갑니다. 따르르르릉"

즐겁게 웃으며 노래 부르는 엄마의 얼굴을 보니 다시금 눈물이 샘솟기 시작했다. 남편이 부드럽게 말했다.

"어머니 즐거워하시잖아. 실제로 그렇게 즐겁게 사셨어. 그러니 당신도 어머니의 좋은 모습만 생각하도록 해. 많이 슬픈 게 당연하지만 그래도 우리 좋은 것만 기억하자. 내가 당신하고 처제 꼭 지켜 줄 거야."

머릿속에 엄마가 우쿨렐레를 연주하는 모습이 아로새겨지며 눈물이 멈추지 않고 흘러내렸다.

배웅 가는 길

다음날은 새벽부터 짐을 정리하느라고 분주했다. 벽제승화원까지 시간 맞춰 가려면 5시에 버스가 출발해야 한다고 했기 때문이다. 큰애가 엄마의 위패와 영정사진을 들고 제일 앞에 섰다. 버스 앞 좌석에 위패와 영정사진이 놓이고 사람들이 차례로 버스에 올랐다. 버스는 마지막 배웅을 위해 나선 사람들을 태우고 장례식장을 빠져나와 달리기 시작했다.

그런데 버스에 탄 사람들이 웅성거렸다. 원래 가야 할 방향이 아니었기 때문이었다. 고인을 위한 버스기사의 이벤트였을까. 버스는 천천히 달렸다. 익숙한 도로, 익숙한 거리, 익숙한 아파트. 며칠 전까지만 해도 엄마가 다녔을 거리를, 엄마가 생활했던 아파트 주변을 버스는 한 바퀴 돌았다. 마치 엄마에게 마지막으로 잘 봐 두라고 당부하듯이.

나는 아직도 어두운 새벽을 달리는 버스의 엔진 소리를 들으며 창 밖을 바라보고 있었다. 버스의 흔들림 속에서 잠시 잠이 들었던 것 같다.

다른 건 잘 기억나지 않는다. 평범한 일상이었다. 나는 일행이 있었고 대화를 하고 있었던 것 같기도 하다. 그러던 중에 전화벨이 울렸다. 핸드폰을 보았더니 액정에 전화를 건 사람의 사진이 떠 있었는데 흐릿해서 제대로 보이지 않았다. 그런데 그 화면을 보고 나는 말했다.

"어라? 엄마네?"

바로 눈이 떠졌다. 꿈이었나보다. 그런데 너무도 생생했다. 나는 바로 후회했다. 그 전화를 받았어야 했는데, 전화를 받으면 엄마 목소리를 들을 수 있었을 텐데……

나중에 스님께 얘기를 들었다. 그 꿈은 엄마가 내게 마음을 전하는 것이라고 했다. 그때 이후로 엄마 꿈은 한 번도 꾸지 않았다. 어쩌면 엄마가 일부러 오지 않았을 수도 있다. 내가 평소 겁이 많아 항상 무서워했던 걸 엄마는 잘 알고 있다. 혹여 엄마라고 해도 막상 꿈에 나타나면 내가 무서워 할 것 같아서 엄마가 꾹 참고 있을지도 모른다.

벽제승화원에는 예상보다 일찍 도착했다. 그래서 한 시간 정도는 대기해야 했다. 벽제승화원은 규모가 컸고 건물 안에는 사람들도 많았다. 여기저기서 사람들이 선 채로 팸플릿을 보면서 유골함을 고르고 있다. 이게 여기서는 자연스러운 광경인 듯했다. 우리도 유골함을 골랐다. 엄마가 좋아할 법한 화려한 것으로. 그리고는 다른 사람들과 마찬가지로 순서가 될 때까지 기다리는 동안 맛도 느껴지지 않는 밥을 국물에 말아서 몇 숟가락 뜨다가 내려놓았다. 그리고 대기실에서 기다리고 있자니 갑자기 순서가 됐다고 급히 부른다. 안내하는 사람을 따라가며 약간 조바심이 났다.

전면이 투명한 유리로 되어 있고 그 안에는 탁자가 줄을 지어 나란히 놓여 있었다. 그 탁자 너머로 문도 나란히 있었다. 내 양옆에서 일제히 오열이 터져 나온다. 그들을 쳐다보고 있다가 정면으로 고개를 돌렸을 때였다. 눈 앞에 놓인 탁자 너머에 꽉 닫혀 있던 문이 열렸다. 그 문으로 관이 하나 들어간다. 문은 금세 닫혔다. 그리고 시간이 얼마나 흘렀을까. 문이 열리고 한 남자가 손에 뭔가를 들고 와서는 탁자 위에 펼쳐진 흰 종이 위에 올려놓는다. 유골이었다.

언제부터 어떻게 울고 있었는지 생각나지 않는다. 그냥 사람들이 이끄는 방향으로 따라가며 하염없이 소리 내어 울었던 것 같다. 내 손끝에서 느껴지던 유골의 따뜻함이 더욱 나를 서럽게 만들었기 때문이리라.

나는 다시 버스에 앉아 있었다. 오늘의 마지막 종착지인 추모공원을 향하고 있었다. 엄마의 위패와 영정사진을 든 큰애가 먼저 버스에서 내리고 사람들도 따라 내렸다. 그리고 우선이가 예약해 둔 장소까지 줄 지어 걸어갔다.

8-87, 엄마가 묻힐 곳이다. 직사각형 모양으로 땅이 파여 있었고 그 옆에 아무 글씨도 새겨져 있지 않은 검은색 비석이 준비되어 있었다. 큰애가 그 앞에 멈춰 섰다. 이어서 추모공원 직원이 함께 운반되어 온 유골함을 직사각형 구멍 안에 적당한 위치를 잡아 조심스럽게 놓았다. 오빠와 나 그리고 우선이는 차례대로 그 유골함 위에 흙을 세 번에 나누어 뿌렸다. 마지막으로 인사하고 싶어하는 사람들도 차례대로 똑같이 했다. 이제 흙으로 완전히 평평하게 메워졌다. 그리고는 직원이 옮기기도 벅찰 정도로 무거운 비석이 천천히 엄마의 유골함을 덮어 버렸다. 누군가가 준비한 술을 비석 주변에 뿌렸다. 이것으로 모든 게 끝이었다.

혼자가 아니야

버스는 다시 달렸고 장례식장에서 모두를 내려 주었다. 마지막 배웅을 마친 사람들은 서로 인사하고 헤어졌다. 우리도 상복을 반납하고 미리 짐을 옮겨 실은 차를 타고 집으로 왔다. 장례식장에서 쓰던 장제용품과 제단에 올렸던 과일까지 해서 짐이 생각보다 많았다. 짐 정리를 모두 마치고 나서야 한숨 돌릴 수 있었다.

정말로 이걸로 전부 끝난 걸까? 생각하려고 했지만 생각이 되지 않았다. 팽팽하게 긴장돼 있던 신경도 이제는 좀 느슨해졌으면 했지만 내 의지로 되는 일이 아니었다. 나는 다시 멍한 상태로 앉아 있었다.

그때 둘째가 거실로 나와서 내 옆에 앉았다. 남편도 다가와서 앉았다. 그리고는 천천히 내 머리를 쓰다듬으면서 말했다.

"어머니 복제품. 그리고 여기는 당신 복제품. 그 유전자는 없어지지 않고 그대로 남아 있는 거야. 어머니는 가셨지만 여기 당신 안에 계셔. 당신은 혼자가 아니야. 그러니까 너무 슬퍼하지 마."

"……"

눈물이 주르륵 흘렀다. 둘째가 다가와서 나를 살며시 안아 주었다. 그러자 남편도 나와 둘째를 같이 안아 주며 토닥여 주었다.

Part 2
자매의 여정

Part 2

 자매의 여정

엄마, 이제 아프지 말고 훨훨 날아다니세요!

꿈도 꾸지 않고 푹 잤다. 삼일장 동안 제대로 못 잔 탓이리라. 아이들은 학교에 갔고 나는 이제 일상으로 돌아와야 했다. 회사에 출근하기 전에 정리해야 할 것들이 있었다. 삼우제 전에 엄마가 쓰던 옷가지들을 봉투 하나에 모아서 버려야 하는 거라고 사촌 언니는 말했었다. 나는 우선이가 걱정되었다. 엄마랑 단 둘이 살던 집에서 혼자 있어야 한다는 게 쉬운 일은 아닐 터였다.

우선이는 아침에 일어나자마자 자동차 점검을 받고 타이어도 교체할 거라고 했었다. 일요일에 있을 첫재에 참석하기 위해 정읍에 갈 예정이기 때문이다. 세차까지 마친 우선이가 우리 집에 들렀다. 나는 우선이 차를 타고 엄마 집으로 같이 갔다.

집은 어느 정도 정리가 되어 있었다. 우선이가 중간중간 해 놓았으리라. 하지만 엄마가 쓰던 침대, 엄마가 입던 옷, 엄마가 쓰던 물건들은 모두가 항상 있던 그 자리에 있었다.

"당분간은 엄마가 있을 때랑 똑같이 놔두고 싶어. 안 그러면 내가 여기에 있을 수가 없어."

나는 어제 스님과 카톡으로 대화했던 내용을 우선이에게 전했다.

스님은 꼭 어떻게 해야 한다는 규칙이 있는 것은 아니라고 했다. 너무 오래 두면 안 되겠지만 적어도 49재까지는 마음을 안정시키는 기간이니까 우선이가 원하는 대로 두는 것이 좋을 것이라고도 했다. 또한 49재를 지내면서 엄마의 마음이 정리되면 우선이도 자연스레 마음이 안정될 테고 일단 마음의 상처가 커지지 않도록 하는 것이 중요하니 물건은 우선 치워도 상관없는 것부터 정리하고 나머지는 마음이 정리되는 만큼씩 치우라는 것이다. 어차피 집을 처분한다거나 정리해야 하는 상황이 생기면 억지로라도 정리하게 되니 사회 통념이 주는 강압에 너무 매이지 않으면 좋겠다는 내용이었다.

사촌 언니가 신신당부했던 거지만 지금의 우선이를 보면 억지로 정리를 시킬 수가 없다. 이제 만약 우선이까지 잘못된다면 나는 어떻게 한단 말인가. 우리는 스님 말씀대로 천천히 정리하기로 했다.

나는 거실로 나와 양문형 냉장고 앞에 서서 문을 활짝 열었다.

예전에는 투 도어 냉장고를 사용했었다. 여느 집과 다름없이 냉동실이고 냉장실이고 가득 차서 나는 뭐가 뭔지 구분하지 못할 정도였다. 게다가 20년이 넘게 쓴 고물이라서 시끄럽기까지 했다. 그럴 때면 엄마는 항상 짜증을 내셨다. 그래서 어느 날인가는 큰맘 먹고 엄마를 모시고 냉장고를 보러 갔다. 엄마가 고른 것은 대용량 양문형 냉장고였다. 그 냉장고를 집안에 들여놓고 엄마는 펄쩍 뛸 듯이 즐거워하셨다. 인생을 다시 사는 것 같다고도 하셨다. 그때 나이가 환갑을 넘었을 때였는데도 말이다. 그 모습을 보고 진작에 바꿔 드릴 걸 하는 생각도 했었다. 그렇지만 얼마 안 가서 양문형 냉장고도 각종 비닐봉지들로 가득 채워졌다. 지금 내 앞에 펼쳐진 장면처럼.

바로 지난 주말에 사 왔다는 젓갈, 미역줄기 등등이 보인다. 엄마가 입맛이 돌아왔는지 먹고 싶다고 해서 산 거라고 우선이는 말했다. 그리고 엄마가 마지막으로 담갔다는 김치와 엄마가 좋아하는 대봉시……

하지만 이제는 먹을 사람도 없고 나는 차마 그걸 먹을 수가 없었다. 냉장고도 우선이가 천천히 정리하겠다고 했다. 나는 머릿속의 잡념을 떨쳐 버리듯이 냉장고 문을 닫았다.

결국 나는 아무것도 정리하지 못하고 집으로 돌아왔다. 우선이도 함께 왔다. 평장의 비석에 새겨 넣을 문구를 의논하기 위해서다. 일단은 제일 위에 고인의 이름과 생일, 사망일을 적고 그 아래에 자식들의 이름이 들어간다고 했다. 우리는 엄마에게 한 마디 더 하고 싶었다. 우리가 어렸을 때부터 엄마가 자주 했던 말이 있었다. '훨훨'이라는 단어였다. 아마도 젊은 시절부터 몸이 불편해 제약이 많았던 엄마는 자유롭게 다니고 싶은 마음을 그렇게 표현했을 것이다. 한동안 주거니 받거니 하면서 문구를 결정했다.

"엄마, 이제 아프지 말고 훨훨 날아다니세요!"

이제 이 문구를 넣어서 샘플을 만들어 보기로 했다. 일단 세 가지 버전으로 만들고 화면으로 보면서 확인해 보았다. 우리는 마음에 드는 버전이 있었지만 일단 오빠에게도 알리기로 했다. 그래서 카톡 친구에서 검색했는데 오빠의 프로필 사진을 누른 다음 순간이었다.

"!"

핸드폰 화면에는 아직 A4 용지에 엄마 이름만 적어서 붙여 놓은 비석 사진이 떴다. 그리고 '후회'라는 문구가 적혀 있었다. 옆에서 보고 있던 우선이도 깜짝 놀란 눈치다. 엄마를 묻은 다음날 혼자 가서 시간을 보낸 모양이다. 아마도 회한의 눈물을 흘렸겠지. 가만 보니 사진 속 비석 옆에 액자가 하나 세워져 있다. 엄마가 20대일 때 찍었던 흑백사진이다. 저 사진을 오빠가 가지고 있었던가.

삼우제가 뭔지 몰랐어

우리는 대화를 시작했다. 문구 샘플을 보내 주고 고르라고 했다. 오빠도 역시 우리가 골랐던 것으로 하자고 한다. 그리고 고생했다는 말과 함께 안부를 물어온다. 그리고 삼우제에 대해서 묻는다.

그러고 보니 사촌 언니도 삼우제를 말했었다.

삼우제? 그게 뭐지? 나는 갑작스런 궁금증에 검색을 시작했다. 삼우제는 발인일을 포함해서 3일째가 되는 날이라고 한다. 아뿔싸! 시계를 보았다. 막 자정을 넘긴 시각이었다. 그렇다면 오늘이 삼우제가 되는 것이다. 더 찾아보니 삼우제는 묘지에서 지내는 거라고 한다.

우리는 아침 일찍 가기로 약속을 하고 대화를 끝냈다. 음식은 우선이가 엄마랑 먹으려고 주말에 샀던 거, 엄마가 좋아하는 거 조금씩 챙기겠다고 했다. 나는 엄마가 우리 집에 오실 때마다 드렸던 맥주와 컵, 그리고 과일을 챙겨 두었다.

삼우제 당일, 아이들은 집에 두고 남편과 함께 추모공원이 있는 연천으로 출발했다. 우선이는 강아지 세 마리를 모두 데리고 간다고 했다. 흰색 차 두 대가 나란히 길을 달린다. 길은 막히지 않았다. 아직 이른 시간인데다가 외곽으로 나가는 방향이기 때문이다. 한 시간 남짓 달려 추모공원 주차장에 도착했다. 거기에는 큰 외제 오토바이 한 대가 먼저 와 있었다. 꽉 막힌 국도를 지날 때 갓길로 마구 질주해대던 바로 그런 오토바이였다. 오토바이 옆에는 청바지에 가죽 재킷을 입은 오빠가 서 있었다. 나중에 들은 얘기지만 오빠는 오토바이로 전국 일주를 했을 만큼 오토바이 마니아라고 한다. 취미로 동호회 활동도 하는데 그 동호회 사람들이 엄마 장례식장에 많이 와 주었다고도 했다.

우리는 짐을 챙겨서 계단을 한 층 올라가 엄마가 있는 곳으로 갔다. 평장이 네 줄로 길게 늘어서 있다. 그 가운데 부분까지 볕이 잘 들어 있다. 엄마 자리에 서서 전방을 바라보았다. 건물들 사이로 시야가 확보되어 있어 전망이 탁 트여 있다. 엄마가 좋아할 만한 위치이다. 우리는 다시금 비석을 닦고 어두운 밤에 비석을 밝혀 줄 태양광 등도 닦았다. 장식해 놓은 조화도 점검하고 나서야 돗자리를 폈다. 각자 준비해 온 과일과 떡 그리고 평소 엄마가 좋아하던 것들이 차례로 놓였다. 먼저 오빠가 무릎 꿇고 앉은 채로 잔을 들고 우선이와 나는 그 옆에 섰다. 오빠가 들고 있는 잔에 남편이 술을 따른다.

"술은 가득……"

"예, 어머니가 가득 따르는 거 좋아하셨죠."

그랬다. 엄마는 생전에 술을 좋아하셨지만 즐겨 하지는 않았다. 젊은 시절에는 배고픔을 술로 견디곤 했다고 한다. 엄마가 결혼하고 얼마 되지 않았을 때 집에 외할머니가 오셨는데 끼닛거리가 없어서 대접해 드릴 게 없었다고 했다. 그래서 엄마는 막걸리를 반 주전자 받아다가 외할머니께 드렸다고 했다. 전쟁세대가 겪었던 가난이었다. 경제적으로 먹고살기 힘들었던 엄마는 지독히도 아꼈

자매의 여정

다. 입는 것, 먹는 것, 쓰는 것 일체를 아꼈다. 자신을 위해서는 술 한 잔도 사지 않았다. 그러다 보니 누군가 술을 사 주는 자리가 생기면 엄마는 많이 드셨다. 그런 엄마의 모습이 나는 싫었다. 어렸을 때라서 엄마의 힘든 상황을 이해하지 못했던 것이다.

최근까지도 나와 우선이는 엄마가 술 마시는 걸 좋아하지 않았다. 특히나 엄마가 혈압이 높아서 더욱 그랬다. 옛날에는 돈이 없어서 소주를 주로 드셨는데 이제는 소주는 독해서 엄마한테 안 좋다고 생각했다. 그럴 때마다 구세주처럼 나서는 건 남편이었다. 엄마가 우리 집에서 저녁 식사 하실 때면 냉장고에서 한껏 차가워진 500㎖짜리 맥주 한 캔을 꺼내어 잔에 따라 드리는 것이었다.
"어머니, 이거 하나만 드세요."
"응, 좋지. 술은 가득 따라야 해."
엄마는 활짝 웃으며 기분 좋은 목소리로 이렇게 말하곤 했다.

오빠가 절을 마치고 술을 비석 주변에 뿌린다. 이제 내가 엄마한테 인사드릴 차례다. 남편이 따라 주는 술을 올리고 절을 두 번 한다. 일어나서 반절을 한다. 내내 흐르던 눈물을 수습하는 사이에 우선이까지 인사를 마쳤다.
우리는 돗자리에 앉았다. 그냥 이런저런 얘기를 나누었던 것 같다. 연락을 끊고 산 지가 오래되어서 사실 서로 아는 것도 없다. 그래서일까, 주로 엄마와 관련된 과거의 에피소드를 얘기했던 것 같다. 그렇게 한참 앉아 있다가 우리는 헤어졌다.

연화정사에서 첫재를

다음날은 새벽 일찍부터 분주했다. 엄마의 첫재가 있는 날이기 때문이다. 거리가 멀기 때문에 서둘러야 했다. 아이들까지 준비시킨 후에 우선이를 태우러 갔다. 5명이라서 뒷좌석이 좀 불편하겠지만 차 한 대로 가기로 했던 것이다. 서울 시내를 지나서 고속도로로 진입했다. 가는 길에 휴게소에도 두 번 정차해야 했다. 정읍까지 와서 보니 정말 시골길이었다. 특히나 목적지까지는 구불구불한 산길을 한참 가야 했다. 차 한 대 지날 수 있을 정도지만 다행히 도로는 잘 정비되어 있었다.

연화정사. 드디어 손글씨로 적은 팻말이 보였다. 화살표를 따라 시선을 옮기자 독채가 하나 눈에 들어왔다. 긴 직사각형 모양의 건

물에 검은색 지붕이 얹혀 있다. 그 지붕을 보는 순간 나는 안도했다.

아, 다행이다.

주지스님과 연이 있어서 49재를 부탁하기는 했지만 사실 작은 절이라서 걱정했었다. 여기도 절 느낌이 안 나는 일반 주택이면 어쩌나 하는 마음이 있었기 때문이었다.

나는 주위를 두리번거리며 조심스럽게 절 안으로 발을 들여 놓았다. 그런 나를 반갑게 맞아 주는 목소리가 들렸다. 절에서 일을 도와주시는 보살님들이다. 그분들의 안내를 받아 먼저 주지스님께 인사를 드렸다. 코로나 이전에 회사 법당에 오셨을 때 뵌 이후로 처음일 것이다. 게다가 내 개인적인 일로 이렇게 마주 하게 되니 어떻게 말을 꺼내야 할지 막막했다. 그래서 스님께 안부인사부터 건넸다. 그리고 예전에 회사 법당에 오셔서 뵈었던 일, 지금 살고 있는 집으로 이사할 때 스님이 알려 주신 대로 경전을 읽었던 일들을 이야기했다. 스님도 편하게 받아 주셨고 대화는 순조로웠다. 자연스럽게 엄마가 돌아가셨을 때의 상황, 49재에 대한 이야기로 넘어갔다. 그렇게 한 10분 정도 대화가 이어졌던 것 같다. 어느 정도 우리 마음이 편안해졌다고 판단하신 것일까. 이제 재를 시작하자고 하셨다.

스님을 따라 법당으로 갔다. 중앙에 불단이 자리 잡고 있었는데 그곳에는 온갖 과일과 떡이 높게 쌓여 있었다. 그 왼쪽에는 여러 위패를 모신 단이 있었고 마찬가지로 과일과 떡이 높게 쌓여 있었다. 그 단의 정중앙에 위패가 하나 따로이 놓여 있었다. 눈으로 글씨를 따라 읽었다.

'최우택.우미.우선 복위 망 자모 상산유인 영가'

엄마의 위패다. 그걸 이해한 순간 가슴이 먹먹해졌다.

스님은 목탁을 치면서 낭랑한 목소리로 시종 뭔가를 낭독하셨다. 중간중간 들리는 요령 소리와 함께 독송하는 보살님들의 목소리가 내내 이어졌다. 우리는 옆에서 알려 준 책을 눈으로 따라 읽으며 동참했다. 옆에서 절을 하면 따라서 절을 했다. 스님이 위패가 있는 단 쪽으로 이동해서 다시 독송을 이어 갔다. 그러자 보살님 두 분이 나와서 제단에 술을 올리고 절을 한다. 그리고 내게 손짓한다. 나는 자리에서 일어나 천천히 제단 앞에 섰다. 술을 받아서 제단에 올리고 일어나서 절을 했다. 한 번, 두 번…… 마치 엄마에게 처음 인사하듯이 마음속으로 말을 건넸다. 엄마가 이곳에서 편안했으면 좋겠다. 남편과 우선이 그리고 아이들까지 술을 올리고 절을 했다.

첫재를 마치고 왔던 길을 되짚어 간다. 거리가 멀어서일까. 이제는 정말 엄마와 헤어지는구나 하는 생각이 들었다. 이제 엄마를 연화정사에 남겨 두고 우리는 길이 막힐세라 부지런히 서울로 돌아가고 있었다.

이제는 엄마가 없어

이제는 엄마 없이 살아가야 한다. 그런데 나는 아직도 실감이 안 난다. 내 경우에는 결혼 후에 엄마와 떨어져서 살았기 때문에 그럴 것이다. 그냥 아직도 엄마는 엄마 집에 있는 것만 같다. 지금이라도 전화를 하면 엄마가 받을 것만 같았다. 하지만 나는 참았다. 전화를 걸고 싶어도 카톡을 보내고 싶어도 꾹 참았다. 집에 혼자 있는 우선이가 아직 정지시키지 않은 엄마 핸드폰을 확인하고 슬퍼할 것을 염려해서다.

스마트폰이 처음 나와서 사무실에서 한두 명 정도만 사용하고 있을 무렵이다. 모두 그 동료의 스마트폰을 부러워했지만 나는 별 생각이 없었다. 컴퓨터가 있으니까 굳이 스마트폰으로 검색할 필요도 없고 문자를 하면 되니까 카톡도 번거로울 뿐이다. 그런 내가 생각을 바꾸게 된 계기는 엄마였다. 엄마는 이미 우선이가 스마트폰으로 바꿔 준 상태였다. 그래서 카톡으로 엄마한테 매일 이것저것 얘기할 수 있겠구나 하는 생각이 들자마자 나도 바로 스마트폰 대열에 합류했다. 그런데 한 가지 생각 못 한 게 있었다. 엄마가 스마트폰 사용이 익숙하지 못하다는 것이었다. 그래도 엄마는 최근까지도 버튼이 제대로 안 눌려서 철자가 틀린 단어를 찍어 보내곤 했었다. 밥 먹었니? 이뻐. 사랑해.

    나는 엄마와의 채팅방을 열어 보았다. 죽 훑어 보다가 사진 두 장을 발견했다. 이런 사진이 있었던가? 사진 전송을 어려워했던 엄마 대신에 우선이가 보낸 사진이었다. 흰색, 빨간색, 주황색. 다양한 색의 꽃들이 화단에 잘 꾸며져 있다. 그 화단을 둥글게 둘러싸는 형태로 갈색 나무 벤치가 조성돼 있다. 그 벤치에 엄마가 앉은 채로 사인펜을 들고 뭔가를 적고 있는 모습이다. 긴 소매 상의를 입은 걸로 봐서 막 봄이 오는 시점에 찍은 사진 같다. 그 사진 말고 한 장이 더 있었다. 엄마가 벤치에 앉아 등을 구부리고 숙여서 눌러 쓴 문구를 가까이에서 찍은 사진이었다. 그걸 본 순간 나는 울컥했다.

'최우미 우울증 낫게 해 주시고 최우미 건강하게 해 주세요'

핑크색 하트 안에 정성을 담아 꾹꾹 눌러 쓴 글씨. 그 하트가 달린 자물쇠가 지금도 철제 난간 어딘가에 걸려 있을까?

공황장애를 동반한 기분조절장애.

2년 전 대학병원에서 들은 진단명이다. 보통 우리가 우울증이라고 부르는 그것이다. 일상생활조차도 내게는 쉽지 않았다. 한의원 치료를 받다가 이상증상으로 몇 군데 응급실을 찾아가기도 했다. 지금은 치료를 위해 주기적으로 병원에 간다. 엄마가 돌아가신 그날도 병원 예약이 되어 있었다.

엄마는 항상 속상해하셨다. 내가 힘들게 고생하면서 살기 때문이라고 생각하셨다. 그러면서 엄마가 부유하지 못해서 나를 도와주지 못한다면서 스스로를 자책하셨다.

"너 아픈 거 내가 다 가져와야 하는데……"

나는 우선이와 통화가 됐을 때 이 사진 속 장소에 대해서 물어봤다. N타워에 갔을 때라고 했다. 정확한 위치는 기억나지 않고 대략적인 위치만 알 것 같다고 했다. 49재가 끝나면 한번 찾으러 가볼까 싶은 생각이 들었다. 찾게 되면 좋으련만……

엄마 흔적 지우기

회사는 휴가를 냈다. 행정적으로 처리해야 할 일들이 남아 있기 때문이다. 9시에 집을 나서서 주민센터로 갔다. 필요한 서류들은 미리 챙겨 놨기 때문에 신청서만 쓰면 된다. 서식 샘플이 있어서 그걸 보면서 작성하는데도 틀려서 몇 번을 새로 썼다. 지정 창구로 가서 준비해 온 서류와 신청서 그리고 내 신분증을 내밀면서 말했다.

"사망신고 하러 왔어요."

사망신고 하는 것을 조금은 망설였다. 이렇게 엄마를 지워 버리는 게 싫었다. 하지만 기한이 있기 때문에 마냥 주저하고 있을 수는 없었다. 처음에는 우선이와 함께 할까 싶어서 물어봤는데 시간이 안 된다고 해서 나 혼자 하기로 했다. 어쩌면 나 혼자 하는 게 나을 수도 있겠다는 생각도 들었다.

신청 전날에는 인터넷으로 엄마의 등본과 가족관계증명서를 5

부씩 출력했다. 엄마가 변함없이 우리와 같이 기재되어 있는 서류를 보관하고 싶었기 때문이다.

한참을 기다려서야 신청이 완료되었다. 그런데 바로 사망신고가 끝나는 게 아니었다. 주민센터에서는 접수만 하는 것이고 법원에서 검토 후에 사망신고가 마무리된다는 것이다. 보통 열흘 정도 소요된다고 했다. 며칠이 지나서 내가 접수한 가족관계 관련 신고 처리가 완료되었다는 문자 한 통을 받았다.

점심은 우리 집에서 간단하게 먹었다. 엄마 빼고 우선이만 와서 밥을 먹은 적은 지금까지 한 번도 없었다. 엄마가 혼자 와서 우리와 같이 식사하신 적은 있었지만.

분위기는 어색하거나 이상하지 않았다. 아이들은 이모를 불러대며 여전히 재잘거린다. 주제는 김치로 옮겨 가 있었다. 큰애는 말했다.

"이모, 제가 제일 좋아하는 김치가 뭔지 아세요?"

"석박지!"

선수를 치면서 이렇게 외친 나는 다음 말을 채 잇지 못하고 눈물을 흘리기 시작했다.

"엄마가 석박지 정말 좋아했는데……"

이런 나를 보고 우선이도 눈시울을 붉혔다.

우선이는 이렇게 말했었다.

"난 엄마한테 화가 나. 왜 나한테 그런 모습을 보여 준 거야. 나보고 어떡하라고!"

혼자 누워 있는 엄마를 발견한 우선이로서는 그런 생각이 들 수도 있을 것이다. 나는 불안했다. 뭐라고 할 수 있는 말이 없었다.

평소에 우선이는 엄마가 죽으면 자신도 따라 죽을 거라고 말하곤 했었다. 그래서 엄마는 항상 걱정하면서 나한테 우선이를 부탁한다고 했다. 그럴 때마다 나는 화를 냈다. 엄마가 그런 말을 하는 것도 싫었고 나이 먹을 만큼 먹은 우선이를 왜 내가 엄마가 하듯이 보살펴야 하는지 이해가 안 됐다. 지금은 후회된다. 그때 내가 엄마를 안심시켰더라면 엄마가 마음 놓고 편안해했을 텐데, 엄마가 돌아가시는 순간에도 우선이 걱정에 얼마나 마음이 아팠을까.

그런데 지금은 우선이가 더 힘들어 보인다. 그날도 추모공원에 다녀와서 우리 집에서 저녁을 먹은 후였다. 남편이 부엌에서 한창 설거지에 열중하고 있는 동안 우리는 안방으로 들어갔다. 우선이는 화장대 의자에 앉고 나는 침대 위에 걸터 앉았다. 나는 우선이가 내내 엄마한테 화가 나 있는 상태라고 생각하고 있었다. 그런데 오늘은 유난히 풀이 죽어 있었다. 우선이는 힘 없이 말했다.

"엄마가 많이 보고 싶어. 언제부터인지 엄마가 꼭 내 딸처럼 느껴졌어. 그래서 좋은 옷 사 주고 싶고 맛있는 거 먹는 거 보면 내가 기분이 좋고 그랬거든. 나한테는 엄마밖에 없었는데 이제 엄마가 없으니까 너무 힘들어. 앞으로 뭘 위해서 살아야 할지 모르겠어."

엉엉 소리 내어 우는 우선이를 위로하고 싶은데 무슨 말을 해야 할지 모르겠다. 그냥 나도 따라 울면서 우선이 등을 쓰다듬어 주는 것밖에는 할 수 있는 게 없었다.

나도 엄마가 보고 싶었다. 회사에서 일하다가 바람 쐬러 잠깐 나오게 되면 엄마한테 전화를 하곤 했다. 반대로 엄마가 그 시간 즈음에 전화를 해서 통화하러 나온 김에 바람을 쐬기도 했다. 엄마와의 통화는 별 내용이 없다. 밥 먹었느냐, 아픈 데는 없느냐 이렇게 시작한다. 엄마는 느지막하게 일어나서 간단하게 식사를 하고는 동네 한 바퀴 산책하는 게 유일한 일과이자 즐거움이었다. 물건 파는 가게도 구경하고 지나다니는 사람들도 구경하고 차도를 달리는 자동차도 구경하고 그러다가 힘들면 버스정류장에 놓인 벤치에 앉아서 쉬곤 했다. 그때가 내게 전화를 거는 타이밍인 것이다. 시시콜콜한 이야기들이지만 그래도 엄마는 나와 통화하면서 항상 즐거워하셨다.

몸이 아프기는 하지만 이 정도 상태로라로 2, 3년은 더 살고 싶다고 하셨다. 아픈 게 나아지면 우쿨렐레도 다시 연습할 것이고 나랑 여행도 가고 싶다고. 엄마는 삶에 대한 의욕이 많았다. 하고 싶은 것도 많았고 보고 싶은 것도 많았다. 그런 엄마가 나는 보고 싶었다.

엄마가 돌아가시기 이틀 전인 일요일 저녁에 엄마와 우선이는 우리 집에 잠시 들렀다. 우선이한테는 작아져서 못 입게 된 옷들을 내게 주고 가기 위해서다. 보통은 우선이가 옷을 정리해 두면 내가 그걸 갖고 와서 나 혼자 정리했었다. 그런데 그날은 왜 그랬는지 우선이가 하나하나 펼쳐서 보여 줬고 나는 그걸 일일이 다 입어 봤다. 내가 하나씩 입고 거실로 나올 때마다 소파에 앉아 있던 엄마는 내 모습을 찬찬히 뜯어보면서 웃었다.
"네가 그 옷을 입으니까 참 예쁘다."

옷을 정리하고 나서 엄마는 믹스커피를 마셨다. 엄마는 평소 믹스커피를 두 봉지씩 타서 마셨다. 그날도 우선이가 타 온 믹스커피가 물이 많아서 싱겁다면서 또 투정을 부렸다. 나는 엄마에게 먹는 사람이 직접 타는 게 아니면 물 양을 조절하는 게 어렵다고 또 타박을 주었다. 엄마는 약간 토라진 듯이, 그러나 천천히 마시기 시작했다. 그런 엄마를 우선이가 재촉했다. 얼른 마시고 마트에 가자는 것이었다. 오늘은 살 게 많다고 했다. 엄마는 자리에서 일어섰다. 그렇게 엄마는 우선이와 나갔다. 그게 마지막이었다. 다음날 나는 출근해서도 엄마한테 전화하지 않았다. 전날 엄마 모습이 괜찮아 보였고 또 회사 일로 정신이 없었기 때문이다. 예전에 우선이가 깔아 줬던 CCTV 앱은 한 번도 열어 보지 않았다. 지금은 그게 그렇게 후회된다. 그때 전화를 했어야 했는데, CCTV를 확인했어야 했는데. 온통 후회뿐이었다.

삶의 의미

생각해 보면 참으로 허무한 일이다. 마치 좀 전까지만 해도 환하게 빛났지만 필라멘트가 끊어져 더 이상 켜지지 않는 전구처럼 말이다. 엄마의 죽음은 내게 그렇게 인식되었다. 항상 있다고 생각했는데 지금 보니 내 옆에 없다. 실재감이 느껴지지 않았다.

그러던 중에 우선이가 찾은 파일들을 보게 되었다. 하나는 음성이고 다른 하나는 동영상이었다. 음성은 우선이가 엄마와 통화한 내용을 녹음한 것이었다. 나는 그 파일을 재생해 보았다. 바로 엄마 목소리가 들린다. 우선이가 왜 전화를 늦게 받았느냐, 마트 갈 거니까 조금 이따가 나오라는 말을 한다. 엄마는 전화가 오는 줄 몰랐다, 마트 갈 준비 하고 나가 있겠다고 말한다. 지극히 일상적인 대화다.

동영상은 남편이 집에 설치해 준 CCTV의 녹화영상이었다. 10초 내지 20초짜리 짧은 영상이다. 엄마가 전동침대에 앉아 과일을 먹으며 TV를 보고 있다. 다른 영상에서는 엄마가 식탁에 앉아 있다. 저녁을 먹는 중인 것 같다. 밥 한 공기와 고추장과 상추가 전부다. 엄마는 상추를 하나 골라 집고는 물기를 털어 손바닥 위에 올려놓는다. 나는 속이 상해서 울먹이며 말했다.

"반찬이 저게 뭐야, 먹을 게 하나도 없잖아. 저걸 저녁이라고."

한동안 서서 울었다. 그런 나를 우선이도 울먹이며 지켜보았다.

엄마와의 추억

한번은 우선이가 핸드폰을 꺼내 사진을 하나 보여 주었다. 내가 우울증이 생기기 전에 엄마와 둘이서 상하이에 여행 가서 찍은 사진 중의 하나다. 우선이는 특히나 그 사진을 좋아했다. 엄마 표정이 너무 좋다고 내가 그 사진을 카톡으로 보내 줬을 때도 얘기했었다. 우선이가 그 사진을 보다 보니까 모션 포토라는 기능이 있어서 뭔가 한번 해 봤다고 했다. 모션 포토는 사진을 누르면 그 사진을 찍을 당시의 상황이 1, 2초 정도 동영상으로 재생되는 기능이다. 나도 모션 포토 기능을 실행해 보았다. 그랬더니 멈추어 있던 사진이 움직이기 시작했다. 수변 도시에서 작은 배를 타고 천천히 이동할 때의 사진이었는데 배에 앉아서 밖을 구경하고 있는 엄마의 얼굴에는 이미 웃음이 가득했다. 주변을 둘러보다가 내가 핸드폰으로 사진을 찍으려 하자 나를 보고 웃으면서 포즈를 취하는 모습이다.

"엄마가 원래 배 타고 싶어 했었어. 그래서 한강에서 유람선 타자고 했었는데 그때는 엄마가 싫다고 했었어. 세월호 때문에 타는 게 무서워졌나 봐. 그런데 이 사진을 보니까 엄마가 사진을 찍기 전부터 웃고 있더라고, 하나도 무서워하지도 않고. 엄마가 정말 기분 좋아 보여."

엄마와 함께 비행기 타고 여행 간 건 모두 다섯 번이다. 첫 번째는 내가 지금 다니는 회사에 입사한 이듬해에 갔던 제주도 여행이다. 엄마는 비행기 타는 것이 처음이었고 무척이나 설렜던 것으로 기억한다. 다리가 불편한 엄마를 위해 차를 렌트했고 우선이가 운전해서 다녔다. 일출을 보겠다고 깜깜한 새벽에 성산일출봉에 오르기도 했었다. 엄마가 그 몸으로 거길 어떻게 올라갔는지는 지금 생각해도 미스터리다.

그리고 두 번째는 엄마 칠순 기념 여행이었다. 엄마 환갑 때는 IMF 직후로 나도 경제적으로 힘들었고 우선이는 아직 대학생일 때여서 뭔가 크게 해 드릴 엄두도 내지 못했었다. 고작 크게 마음을 쓴 것이 호텔 뷔페에서 식사를 하고 63빌딩 전망대를 구경하는 것이었다. 그래서 칠순은 제대로 해 드리고 싶었다. 얼마 전에 뇌동맥류 수술을 받은 것이 걱정이 되었지만 의사가 비행기 타는 건 아무 상관 없다고 말했기에 우리는 일본 여행을 계획했다. 나는 막돌이 지난 큰애를 남편한테 맡기고 가기로 했다.

세 모녀가 처음으로 간 일본 여행, 도쿄에서 우리는 낮이고 밤이고 온갖 곳을 활보하고 다녔다. 길거리를 지나다가 크레페를 사 먹기도 하고 좋아 보이는 곳이 있으면 들어가서 일일이 다 눈으로 확인하곤 했다. 하코네에서는 온천을 했다. 온천을 마치고 기모노를 입은 할머니가 서비스해 주는 식사를 먹으면서 우리는 너무도 즐거웠다. 식사하면서 엄마는 정말 크게 웃었다. 관광지로 유명한 지옥계곡에서는 온천물로 삶아 낸 검은색 달걀을 먹었다. 1개 먹으면 7년을 더 오래 산다는 속설을 듣고 엄마는 3개나 드셨다.

　세 번째는 엄마와 내가 둘이서 간 괌 여행이다. 우선이가 비용을 대 주었다. 제일 좋은 상품으로 가서 잘 놀다 오라고 했다. 엄마와 나는 고급 호텔에서 며칠을 묵었다. 매일 수영복을 입고 풀장으로 갔다. 엄마는 평소에 물에 들어가는 걸 좋아하셨다. 엄마를 위해서 바에서 맥주를 주문했다. 맥주 한 모금 마시고 물에 들어가서 놀다가 나와서 다시 남은 맥주를 마시고 또 물에 들어가기를 반복했었다. 하지만 아쉬운 건 이때 엄마가 제대로 음식을 못 드셨다는 것이다. 치아에 문제가 있어서 치과 치료 중이었기 때문이었다. 그래서인가 엄마가 아프다고 투정을 많이 부렸다. 걷는 것도 힘들다고 못 가겠다고 하기도 했다. 그래서 내가 많이 뛰어다녔다. 비싼 식당에 가서 먹는 걸 싫어하셨기 때문이다. 엄마는 내가 호텔 밖까지 뛰어가서 사 온 봉지 빵을 받아 들고서야 만족스러워하셨다. 그렇게 엄마한테 맞춰 주는 게 나도 힘들었다. 나는 내색을 안 한다고 생각했지만 엄마는 그런 내 감정을 느꼈던 것 같다. 그래서인지 나중에 엄마는 나한테 화가 났느냐고 묻기도 했다. 그리고 내 눈치를 봤었노라고 한참 후에 내게 얘기하기도 했다.

　나는 화가 났다. 정말 세상 다시 없을 여행인데 내가 엄마를 불편하게 했다니 말이다. 그래서 오키나와로 가족여행 갔을 때 엄마를 모시고 갔지만 그때는 아이들 중심이었기 때문에 엄마한테는 크게 신경을 쓰지 못했다. 그런데 다시금 기회가 왔다. 엄마가 내 이름으로 들어 준 보험 하나가 만기가 되어서 만기보험금을 타게 되었을 때이다. 내가 엄마한테 그 돈을 타서 내가 써도 되는 거냐고 물었을 때 엄마는 이렇게 말했다.

"그건 네 거니까 네가 쓰는 게 당연하지."

나는 주저 없이 여행을 계획했다. 엄마 체력을 생각해서 가까운 곳으로 잡고 싶었다. 일본은 두 번 다녀왔으니 이번에는 중국으로 가 볼까, 중국에서도 깨끗하고 선진화된 곳으로 가야 엄마가 불편하지 않을 테니 그렇다면 상하이로 가야 되겠다고 결심했다.

엄마는 출발하는 공항에서부터 이미 들떠 있었다. 나는 이번에야말로 괌 여행에서의 실수를 만회하겠다고 결심했다. 엄마 위주로, 엄마 입장에서 생각하고 나는 그냥 가이드라고 생각하기로 했다.

그게 주효했는지 엄마는 상하이에서 내내 즐거워하셨다. 가는 곳마다 보는 것마다 너무 좋아서 박수를 치셨다. 거리를 걸어다니며 구경하는 것도 배를 타고 다니는 것도 그냥 앉아서 쉬는 것도 엄마는 모두 즐거워하셨다. 그리고 식사도 잘 하셨다. 향신료 때문에 고생한 나와는 반대로 말이다. 특히 마지막 날 밤 상하이의 야

경은 정말로 좋아하셨다. 마침 그때쯤 새로 바꾼 내 핸드폰은 성능이 좋아서 사진도 잘 찍혔다. 상하이에서 찍은 사진을 엄마한테도 전부 보내 달라 해서 보내 드리고 따로 볼 수 있게 앨범으로도 만들어 드렸다.

그 앨범은 엄마 집에 있었다. 나중에 가서 그 앨범을 보고 나는 엄마한테 화가 났다. 보고 싶을 때 보라고 만들어 둔 것인데 앨범은 한 번도 펼쳐 보지 않은 듯이 사이사이마다 흰색 간지가 끼워져 있었다. 아마도 처음에는 앨범을 아끼느라고 간지도 빼지 않고 두었을 것이다. 그러다가 점차 잊혀져서 있는지도 모르는 상태로 이렇게 놔두었겠지. 내가 엄마한테 갈 때라도 꺼내서 보여 드리고 추억을 나누었으면 얼마나 좋았을까 하는 후회가 또 밀려온다.

우선이와 나

엄마가 없는데도 시간은 잘 흐른다. 나는 회사에 출근하고 우선이도 일을 한다. 서로 바쁘게 지내면서도 매일 카톡은 잊지 않고 주고받는다. 특별하게 일이 있어서가 아니라 단순한 안부인사다. 일은 갔는지 밥은 먹었는지 오늘은 몇 시에 퇴근하는지 등등을 묻는다. 이전에는 없던 일이다.

어렸을 때는 우선이가 나를 많이 따라다녀서 짜증이 났던 기억이 있다. 내가 초등학교 1학년 때는 학교에 따라와서 선생님이 내 옆자리에 우선이를 앉혔는데 수업 중에 갑자기 "뻐꾹~ 뻐꾹~" 하고 소리를 내는 바람에 교실은 온통 웃음바다가 되었고 선생님은 할 수 없이 나를 조퇴시켜 주어서 우선이를 데리고 집에 갔었다.

또 한번은 친구 집에 놀러 가기로 했는데 우선이가 자꾸 따라와서 나는 우선이를 따돌리려고 힘껏 뛰었다.

가끔 엄마가 집에 없을 때는 엄마가 차려 놓은 밥을 우선이한테 직접 먹여 주기도 했다. 한 숟가락 크게 밥과 반찬을 얹어서 팔을 뻗으면 우선이는 얼굴 채로 다가와서는 입을 크게 벌리고 받아 먹었다. 우선이와의 에피소드는 이 정도밖에 기억나는 게 없다.

나이가 들수록 우리는 각자 독립적으로 되었고 교류는 거의 없었다. 대화도 거의 하지 않았고 뭔가를 같이 하는 일도 없었다. 한번은 이런 일이 있었다. 어버이날이 금요일이어서 퇴근 후에 늦게 엄마와 함께 저녁을 먹으러 가자고 했다. 그때 우선이도 시간이 돼서 같이 왔는데 무엇 때문인지 우선이는 화가 나 있었던 것 같다. 엄마한테 물어봐도 엄마도 모르겠다고 했다. 그저 자기는 배가 안 고프니 저녁을 안 먹고 차에서 기다리겠다는 것이었다. 아마도 그 자리에 있었던 모두가 불편했을 것이다. 엄마는 미안한 마음에 괜히 우선이를 원망하는 말을 한두 마디 하고는 더 이상 이야기하지 않았다. 불판 위의 고기는 새카맣게 타 들어갔다.

그때 이후부터였던 것 같다. 나는 우선이에게 내 감정을 솔직하게 표현하지 않게 되었다. 아니, 관심을 갖지 않았다고 하는 게 맞을 것이다. 엄마를 통해서 우선이의 소식을 접했고 그럴 때마다 나는 엄마에게만 내 의견을 말했다. 아마도 엄마가 말을 골라서 우선이에게 전했을 것이다. 아니, 아무것도 전하지 않았을 수도 있다. 그렇게 엄마는 우리 사이에서 전달자가 되어 있었다. 그러던 중 엄마가 내 앞에서 우선이 얘기를 하는 것만큼이나 우선이 앞에서 내 얘기를 하고 있다는 사실을 깨닫게 되었다. 우선이가 나에 대해서 어떤 생각을 하고 있는지는 알 수 없었지만 내 상황에 대해서는 알고 있겠구나 하는 정도였다.

다시금 나는 어렸을 때의 모습을 떠올려 보았다. 언니가 상대해 주지 않아서 서운한 표정을 짓고 멈춰 서 있는 우선이가 보인다. 이제는 그래서는 안 된다는 생각이 들었다. 우선이가 혼자라는 느낌이 들지 않게 해 주고 싶었다. 평일에는 시간이 안 맞아서 보기 힘들기 때문에 반찬을 만들어서 큰애 편에 전달하기도 하는데 주말에는 꼭 우리 집에서 식사를 한다. 특별한 메뉴는 없다. 평소 우리가 먹는 정도로 대강 차려 놓은 상에 우선이가 같이 있을 뿐이다. 그래도 이모를 부르며 떠들어 대는 아이들 덕분에 식사 자리는 항상 유쾌하다. 우선이도 많이 웃게 되었다. 그래서 나도 웃는다.

49재

49재가 다가옴에 따라 나는 설레기까지 했다. 그동안 우선이와 함께 사경도 열심히 쓰고 108배도 하면서 열심히 기도했기 때문에 엄마에게 좋은 날이 될 거라는 기대감에서였다. 그래서 엄마에게 잘 보이고 싶었다. 우선이와 함께 옷을 점검했다. 몇 가지 입어 보고 서로 괜찮아 보이는 옷을 골라 주었다. 남편에게 양복을 입어 달라는 부탁도 미리 해 두었다. 엄마 옷도 골라 두었다. 긴팔, 반팔 한 세트씩 엄마가 제일 좋아했던 옷으로 골라서 보자기에 싸 놓았다.

드디어 49재가 되었다. 새벽 일찍 출발했다. 나와 남편은 우리 차로, 우선이는 우선이 차로 가기로 했다. 우선이는 강아지 세 마리를 다 데리고 가기 때문이다. 오빠는 전날 오토바이를 타고 정읍 시내에서 숙박한다고 했다.

나는 들떠 있었다. 가는 길에 들른 휴게소에서 애들이 좋아하는 공주 군밤과 밤빵을 잔뜩 샀다. 우리가 마실 커피도 샀다. 그런데 월요일에 고속도로가 이렇게 밀릴지는 전혀 몰랐다. 출발이 6시였는데 12시가 돼서야 도착할 수 있었다. 연화정사 앞에는 오빠가 이미 도착해 있었다.

연화정사에서는 다른 재가 거의 끝나 가고 있었다. 나중에 알고 보니 원래 엄마 재가 먼저였는데 우리가 늦게 도착하는 바람에 엄마 재가 마지막 순서로 바뀌게 됐다는 것이다.

엄마는 생전에도 마지막에 느긋하게 오롯이 하는 걸 좋아하셨다.

첫재 때와 마찬가지로 제단에는 엄마의 위패가 모셔져 있었다. 그 앞으로는 각종 과일들과 떡이 높게 쌓여 있었다. 그 제단 아래에 우리가 가져간 사경책과 엄마 옷을 담은 보따리가 놓였다.

드디어 스님의 낭랑한 목소리로 재를 시작한다. 독경하고 절하고 그러는 동안 내 머릿속에는 오로지 엄마 생각뿐이었다. 엄마가 힘들었던 짐을 모두 내려놓고 이제는 편안하게 쉬기를 바랐다. 절을 하면서도 눈물이 흘러내린다. 우선이도 새빨개진 눈에서 눈물이 멈추지 않는다.

49재를 마친 뒤 스님은 이렇게 말했다.
"제가 원래 어디 다니는 걸 싫어하는 사람인데 어머니 기도하면서는 바람 쐬러 나갔어요. 너무 힘들고 답답해서 하루는 김천으로, 하루는 익산으로 차를 운전해서 다녀왔거든요."
"!"

그랬다. 엄마는 목적지 없이 차 타고 가는 걸 좋아하셨다. 한번은 우선이가 이런 말을 했었다.
"내가 엄마 태우고 운전해서 다니는 거 엄마가 좋아했어. 맛있는 거 사 먹고 돌아오는 길에 엄마가 기분 좋으면 노래를 부르곤 했었는데 그걸 녹음이라도 해 둘 걸. 그걸 못 했어."

스님은 이런 말씀도 했었다.
"여기가 큰 절이 아니라서 제사가 그렇게 많은 편이 아닌데 어머님이 여기 오시고 나서부터는 제사가 2개씩 들었어요. 저희는 제사를 할 때면 당사자만이 아니라 여기 모시는 모든 분들께도 술을 올리는데 그렇게 치면 어머님은 14번이니까 49재가 100일 기도 회향하는 셈이 되는 거예요."

"!!"

그랬다. 엄마가 손님을 몰고 다닌다면서 부동산 실장이 엄마를 자주 불렀다. 왜 이리 발걸음이 뜸하냐, 와서 식사하고 가시라면서 말이다. 그래서 엄마는 동생이 운영하는 공부방에도 일 없이 가끔 가곤 했다. 학생들이 많이 오기를 바라는 마음에서였다.

49재는 그렇게 마무리되었다. 스님은 49재에 자식들이 시간을 내어 와 줘서 엄마가 어깨를 당당하게 펼 수 있었다고 했다. 처음에는 기도가 잘 안 되는 것 같아서 걱정했었는데 중반을 지나면서 큰 변화가 생겼고 엄마가 마음을 많이 내려놓고 많이 풀어낼 수 있었다고 했다.

서울로 출발하기 전 연화정사 앞마당에서 나는 오빠에게 스님이 하신 말을 전했다.

"오빠가 여기까지 와서 엄마가 많이 좋아했대."

"진작에 엄마 찾아가서 용서를 빌었어야 했는데……"

그렇게 말하는 두 눈에 눈물이 금세 그렁그렁해진다. 그 눈물에 내 마음이 누그러진다.

절에서는 이것저것 많이도 싸 줬다. 온갖 과일이며 떡이며 한가득 차에 실었다. 이제 가야 할 시간이다. 우리는 서로 인사를 나눴다. 연화정사에 엄마를 남겨 두고 차는 출발한다.

스님은 개인적으로는 엄마가 이 생에서의 인연을 모두 끊어 버리고 성불하기를 바라지만 엄마의 선택을 존중해야 할 것이라고 말했다. 그렇다. 나도 엄마가 힘들었던 생에서의 업을 모두 끊기를 바라지만 만약에 엄마가 다음 생을 선택한다면 그 선택을 존중할 것이고 그리고 다시 만나고 싶었다. 모녀가 아니더라도 어떤 형태의 인연으로든 만나고 싶었다.

108배를 할 때 내내 기도했다. 엄마가 힘들고 고통스러운 삶을 잘 살아 온 데 대해서 존경을 표하고 내가 지금처럼 잘살 수 있게 뒷받침해 준 데 대해서 감사했고 다음 생에 다시 만날 수 있게 되기를 희망했다.

스님은 헤어지기 전에 이런 말씀을 하셨다. 과거는 미래를 바꾸지 못한다. 과거와 미래를 바꿀 수 있는 것은 지금이다. 그러므로 과거에 집착하지 말고 지금을 잘 살아가야 한다. 현재를 바꾸면 과거와 미래를 바꿀 수 있다. 이 말은 내가 앞으로 어떻게 살아가야 할지에 대한 길잡이가 되어 주었다.

마지막 인사

예전과 다를 바 없는 토요일 오후다. 일주일 동안 먹을 식료품을 사러 남편과 마트에 와 있다. 코로나로 인해서 원격수업이 많아진 아이들을 위해 매일매일 점심 도시락을 싸야 했다. 일주일간의 저녁거리는 물론 주말에 필요한 음식 재료들도 사야 했다. 나는 열심히 이것저것 둘러보며 카트에 하나둘씩 담고 있었다. 그때 한참 핸드폰을 들여다보던 남편이 내게 가만히 핸드폰을 내밀었다. 남편에게 온 카톡이 보였다. 아가씨가 보낸 메시지다.

"나 어제 언니네 엄마 꿈에서 봤다. 무슨 출입문 쪽에서 아빠가 누군가랑 악수하며 인사하는 거야. 다른 사람한테 가려져 있다가 그 사람이 이동하고 보니까 사돈 어르신인 거야. 내가 보고 혼잣말로 '어, 사돈마님이다' 그리고 다가가서 '안녕하세요' 인사하니까 환한 얼굴로 인사 받아 주시는 거지. 그러다 깼어. 신기하지?"

"!!"

처음에는 무슨 상황인지 몰라 무서웠는데 다시 찬찬히 들여다보았다. 엄마가 아가씨 꿈에 나온 것이다. 엄마 성격에는 그럴 수 있는 일이었다. 장지까지 와 준 시댁식구들에게 고마움을 표하고 싶었을 것이다. 환한 얼굴이라는 대목에 내 시선이 고정되었다. 엄마가 정말 잘 가신 건가? 좋은 곳으로 가신 건가? 한편 서운한 마음이 들기도 했다. 내 꿈에는 한 번도 나타나지 않더니만……

생각해 보니 아버님 환갑 때 엄마가 춘천까지 갔었던 사실이 생각났다. 우선이랑 같이 갔었다. 엄마는 그렇게 깍듯한 사람이었다.

그날 저녁 밥을 먹으면서 우선이에게도 이 내용을 알렸다. 그걸 보고 나서 우선이가 말을 꺼냈다.

"엄마 기제사를 어떻게 하면 되는 거야? 엄마가 언니 집에 오는 거 좋아했으니까 여기서 하면 좋을 것 같은데."

그랬다. 엄마는 우리 집에 오는 걸 좋아하셨다. 하지만 엄마가 우리 집에 오면 내가 음식 준비에 너무 힘들다면서 두 번 올 걸 한 번 오는 식으로 하셨다.

아마 최근의 일이었던 것 같다. 집안 행사가 있을 때도 있었고 또 별일 없을 때도 그냥 엄마한테 전화해서 오라고 해서 몇 주간 주말마다 엄마가 우리 집에 오셨을 때였다. 식탁에 앉아서 내가 요리하는 모습을 지켜보던 엄마는 내가 잡채를 접시에 담아내자 밥상을 다 차리기도 전에 한 접시를 뚝딱 해치우고는 두 손을 흔들면서 웃으며 말했다.

"요즘에 매주 네 집에 오니까 정말 좋다."

엄마 돌아가신 다음에 우선이도 그런 얘기를 했었다.

"엄마가 언니한테 오는 거 좋아했어. 언니가 지나가는 말로 집에 오라고 하면 너무 좋아서 나한테 막 가자고 그랬거든."

나는 우선이가 말을 꺼낸 기제사에 대해서 그동안 생각했던 걸 이야기했다.

"엄마가 마지막까지 집에 있다가 가셨으니까 기제사는 집에서 하자. 그리고 엄마 생일에 우리 집에서 엄마가 좋아하는 잡채랑 미역국이랑 해서 같이 저녁식사 하는 걸로 하면 좋겠어."

"기제사 때 음식은 어떡하지? 나 아무것도 할 줄 모르는데."

"내가 고사리랑 시금치 해 갈게. 엄마가 좋아했던 나물. 너는 전만 부쳐. 내가 동그랑땡 만들어 가면 엄마가 잘 드셨어. 그거 만드는 거 어렵지 않아. 가르쳐 줄게."

"아, 언니가 춘천에서 가져오는 메밀전 그거 좋아했어. 그것도 할 수 있어?"

"응, 그거 내가 부쳐서 갖고 오는 거야. 그것도 내가 준비할게."

우리는 이렇게 엄마에 대한 마음을 다잡아 가고 있었다.

세 모녀의 트라이앵글

연천에 있는 추모공원에 갈 때는 거의 대부분 우선이 차로 갔다. 평소 엄마가 아끼던 강아지를 한 마리씩 데려가기 위해서다. 우선이가 집 앞에 차를 세워 놓고 있으면 나는 과일과 술을 담은 보냉백을 들고 나간다. 운전석에 있는 우선이가 나를 맞아 준다. 뒷좌석을 보면 강아지 한 마리가 나를 보고 반갑다고 짖는다. 조수석에 앉아 문을 닫고 있으면 차 안에 커피 향이 가득하다. 아래를 내려다보면 우선이가 사 온 커피가 놓여 있다.

초반에는 주로 엄마 얘기를 했다. 그도 그럴 것이 우리는 평소에 대화가 거의 없었다. 속에 있는 이야기를 하는 일도 없었던 것 같다. 우리는 엄마를 사이에 두고 서로 연결되는 지점 없이 수평으로 달리는 인생을 살아왔다. 그러던 우리가 대화를 시작한다. 내가 엄마와 있었던 에피소드를 하나 얘기하면 그 에피소드에 관련해서 동생이 엄마와 있었던 일을 얘기하는 식이다. 같은 사건인데 내 입장에서의 상황과 우선이 입장에서의 상황이 달랐다. 아, 엄마가 나한테는 이렇게 얘기했는데 우선이한테는 저렇게 얘기했구나.

우선이는 이런 말도 했었다.
"언제인가 내가 엄마한테 크게 실망한 일이 있었어. 내가 생각하는 만큼 엄마는 나를 사랑하지 않는구나 하고 말이야."

나도 기억하고 있다. 그때는 내가 둘째 임신해서 배가 상당히 불러 있었다. 그래서 수술하고 입원해 있는 엄마를 내가 병간호하는 건 쉬운 일이 아니었다. 엄마는 배가 불러서도 매일같이 문병을 오는 내가 안쓰러울 뿐이었다. 점심시간을 이용해서 회사에서 병원까지 왔다 갔다 하기 때문이다. 어쩔 수 없지만 당연하게도 엄마의 병간호는 전부 우선이 차지였다. 혼자 소변을 볼 수 없는 상태였던 엄마를 번쩍 들어서 해결하는 일까지 우선이 몫이었다. 나중에는 간병인을 붙였지만 엄마는 간병인을 무서워했다. 그래서 내가 가서 간병인이 쉬러 가면 엄마는 한숨을 돌렸다. 내가 엄마를 휠체어에 앉히고 병원 복도를 하염없이 걸으며 이런저런 이야기를 하면 엄마는 편안해하셨다. 그래서일 것이다. 엄마는 우선이한테 많이 서운해하셨다. 엄마가 원하는 대로 마음 편하게 해 주지 않는다고 하셨다. 그러니 우선이가 화가 날 만도 하다. 정작 엄마 병간호는 자기가 다 하는데 엄마는 언니만 신경 쓰고 있으니 화가 날 수밖에.

이야기를 하다 보면 어느새인가 추모공원에 도착해 있곤 했다. 언제나처럼 짐을 챙겨서 계단을 오른다.

오늘은 남편도 함께 왔다. 남편이 짐을 들고 우선이는 강아지를 품에 안고 엄마가 있는 곳으로 간다. 돗자리를 펴고 과일과 맥주를 올려놓고 절을 한다. 절을 마치고 자리에 앉아 이런저런 이야기를 한다. 그러다가 잠시 생각에 잠겼다.

엄마가 여기에 묻혀 있다. 엄마가 혼자 있으려니 외롭지 않을까, 앞으로 추워지면 엄마 마음이 더 쓸쓸하지 않을까. 그러면서 평장 주변을 보았다. 지금은 엄마 양옆이 비어 있지만 여기에 다른 사람들이 들어오면 좁아져서 엄마가 좀 번잡스럽겠다 싶은 생각이 들었다. 내가 여유가 된다면 양쪽을 다 사 버리고 비워 두면 좋겠

자매의 여정

다는 생각을 했다. 그러다가 문득 생각이 한쪽으로 돌아가기 시작했다. 하나만이라도 사 두는 게 어떨까, 나중에 그 자리에 내가 들어오면 되지 않을까, 어차피 내가 죽으면 애들이 나 묻을 곳을 찾을 테고 그때는 이미 여기는 다 꽉 차서 자리도 없을 것이고, 지금 사 두면 나중에 장소를 따로 찾지 않아도 되고 내가 엄마 옆에 있을 수 있어서 좋고 또 비용도 지금 사 두는 게 훨씬 절약이 되겠지. 우선이는 나중에 엄마 자리에 같이 들어올 거라고, 거기는 자기 자리라고 이미 공언한 바 있었다. 그렇다면 나도 그 옆에 있으면 좋겠다고 생각했다.

나는 그 생각을 바로 우선이에게 말했다. 우선이는 대찬성이었다. 문제는 남편이 어찌 생각할지 모른다는 것이었다. 마침 주변을 둘러보고 온 남편이 돗자리 위에 앉았다. 나는 조심스러워서 천천히 얘기해 보려고 했는데 이미 우선이가 말을 꺼내고 있었다.

"난 어디고 상관 없어. 당신이 가는 데 항상 옆에 있을 거야. 당신이 하고 싶으면 그렇게 하세요."

그길로 사무실에 가서 바로 계약을 했다. 8-88, 엄마 옆자리다. 돌아오는 차 안에서 나는 마음이 훈훈하게 녹아내리는 것을 느꼈다.

이제는 엄마한테 가는 토요일이 기다려진다. 엄마를 보러 간다는 것도 있지만 우선이와 함께 가는 것이 좋았다. 커피를 마시면서 여러 가지 얘기를 하는 것이 즐거웠다. 식구들 얘기, 회사 얘기 등등 쉴 새 없이 떠들었다. 아무래도 같은 세대이다 보니 이해의 폭이 비슷했다. 엄마와 얘기할 때와는 또 다른 의미로 말이다. 그러면서 이야기의 주제가 점점 더 확장되기 시작했다. 앞으로의 계획이나 생각들을 나누게 되었다. 그리고 항상 같이 의논해 가자는 다짐까지.

엄마 앞에 우선이와 나란히 앉았다. 이제는 군데군데 눈도 덮여 있어 추운 날씨다. 나는 우선이 앞으로 통장을 하나 내밀었다.
"이게 뭐야?"
"네가 공부방 살 때 대출 갚는다고 나한테 돈 보내 주던 통장이야."

우선이는 공부방을 운영하고 있다. 처음에 11평 작은 곳을 전세로 얻어 시작하다가 20평형대로 옮겼다. 그렇지만 전세는 보증금도 계속 올려 줘야 되고 여의치 않으면 이사를 해야 하는 점이 무척이나 어려운 문제였다. 공부방의 특성상 이사를 자주 하면 학생들이 그만둘 우려가 있기 때문이다. 그래서 한곳에 자리 잡고 움직이지 않는 게 좋겠다고 판단한 우선이는 알맞은 장소를 찾아서 매매하기로 했다. 그런데 돈이 문제였다. 우선이는 은행 대출도 제대로 나오지 않는 상태였다. 게다가 경제관념이 부족해서 어렵게 장만한 공부방을 날릴 수도 있다고 엄마는 걱정했다.

그래서 엄마가 생각한 것은 엄마가 가진 돈을 대출금인 것처럼 해서 우선이한테 빌려주고 그 돈을 엄마가 다시 회수하는 방법이었다. 그리고 대출을 내 명의로 한다 그러면 우선이가 어쩔 수 없이 끝까지 다 갚으리라는 계산까지 한 것이다. 그래서 그 돈에 대한 관리는 내가 맡아서 하고 있었다.

엄마가 다른 것에 대해서는 미리 유언처럼 남겨서 깨끗하게 정리를 했지만 이 통장은 그렇게 처리할 성질의 것이 아니었다. 엄마는 내가 관리하고 있다가 우선이가 형편이 어려워지면 언니가 주는 것처럼 해서 도와주라고 했지만 나는 그래서는 안 된다고 생각했다.

내 설명을 다 들은 우선이는 큰소리로 엉엉 울기 시작했다.
"그게 엄마 돈이었다고? 엄마 돈이라고? 엄마 정말 나빠! 아끼지 말고 돈 쓰라고 했는데 이렇게 모아 놓다니!"

우리는 비석 앞에 세워 놓은 엄마 사진을 바라보았다. 그 사진 속에서 엄마는 작은 배에 타고 즐거움에 겨워 환하게 웃으며 우리를 바라보고 있다.

우리는 집으로 돌아오는 차 안에서 서로의 계획을 이야기했다.

"나 엄마가 나한테 준 거 안 쓰고 계속 그냥 갖고 있을 거야."

"그래, 나는 사업자금으로 쓸 거야. 내가 하고 싶은 거에 쓰면 엄마가 좋아할 것 같거든. 나는 나중에 카페 하고 싶은데 같이 할래?"

"나야 좋지. 나는 애견 카페 하고 싶었어."

"지금부터 장소 찾아보면서 길게 잡고 준비하자. 그리고 무슨 일이 있거든 항상 서로 의논하기로 하고."

엄마는 우리가 서로 의지하면서 살게 되기를 항상 바라셨다. 엄마가 우리를 흐뭇한 마음으로 바라보고 계실까? 나는 그럴 거라고 생각한다.

또다시 대화는 이어진다. 예전이라면 엄마한테 얘기했을 이야기를 지금은 우선이에게 말하고 있다. 우선이도 내 말에 진심으로 응해 준다. 마냥 수평으로 달리던 2개의 파이프가 3개의 꼭지점을 중심으로 방향을 틀어서 하나로 연결된다. 그리고는 청명한 소리로 연주하기 시작한다. 오케스트라를 장식하는 삼각형의 트라이앵글처럼.

가족사진 촬영이 다다음 주로 잡혔다. 한참 나중에 예약이 될 것으로 예상했는데 그때 스튜디오 일정이 비어서 가능하다고 했다.

일부러 사진을 찍어야겠다고 생각한 것은 아니었다. 우연히 카톡 광고창에서 구에서 지원하여 무료로 가족사진을 찍어 준다는 내용을 봤는데 거기에 반려견도 함께하는 촬영이 있었다. 반려견이라는 말에 마음이 살짝 움직였다. 우선이한테 의견을 물어봤더니 의외로 흔쾌히 수락했다. 그래서 이게 되겠나 싶은 마음으로 일단 신청을 했는데 선정됐다면서 예약신청을 하라는 문자가 온 것이다.

갑자기 일정이 잡혀서 마음이 분주해졌다. 기왕에 찍는 거 예쁘게 찍고 싶었다. 일단 옷이 문제였다. 같이 컨셉을 맞춰서 입을 만한 옷도 없었다. 그래서 여기저기 검색해 보고 나서 5벌을 주문했다. 브라운 남방과 베이지색 티로 조합을 맞춘 편안한 옷으로 골랐다. 우선이는 강아지 옷도 새로 샀다고 했다.

예전에 둘째의 돌 앨범 촬영 때 가족사진을 찍은 적이 있었다. 그때는 각자 자기가 가진 옷 중에서 제일 좋다고 생각하는 정장을 입고 찍었다. 엄마를 비롯해서 모두가 다 환하게 웃고 있는 모습이다. 이 사진은 지금도 엄마 집 거실 벽에 걸려 있다. 그 옆에 새로 찍은 사진이 걸리겠지. 내 입가에 미소가 번진다.

오늘은 크리스마스다. 올해 들어 가장 추운 한파라고 했다. 그래도 온도가 조금이라도 올라가는 오후 1시에 우선이와 나는 연천으로 출발하기로 했다. 평소와는 다르게 케이크만 가져가기로 했다. 우선이가 크리스마스 때마다 엄마와 함께 케이크를 먹었다고 했다. 그래서 어제 우선이가 미리 케익을 사 두었다고 했다. 엄마가 좋아하던 뜨거운 믹스커피도 함께 가져가기로 했다.

책상 앞에 앉아 출간을 앞둔 책의 초고를 작성하던 나는 카톡 소리에 놀라 시계를 보았다. 앗, 벌써 시간이 이렇게 되다니. 나는 서둘러 노트북을 닫았다. 노트북이 닫히자 뒤에 숨어 있던 액자가 보인다. 며칠 전부터 정중앙에 새로 진열된 것으로 사진 2장이 마주 보는 형태로 들어가는 액자다. 거기에는 엄마와 우선이와 함께 처음으로 갔던 일본 여행 때 찍은 사진이 끼워져 있다. 온천에서 식사할 때 기모노를 입은 할머니가 찍어 준 사진으로 셋이서 찍은 사진은 이게 유일하다. 그리고 그 옆에는 식사하면서 너무도 즐거워하며 크게 웃고 있는 엄마의 사진이 있다.

어쩐 일인지 오늘은 자기도 같이 가겠다고 나서는 큰애와 함께 집 밖으로 나갔다. 집 앞에는 우선이가 차를 세워 놓고 기다리고 있다. 차 안에는 언제나처럼 커피 향기가 가득하다. 뒷좌석에는 케이크 상자와 믹스커피를 담은 보온병이 놓여 있다. 그렇게 우리는 연천으로 출발한다.

에필로그

에필로그

 엄마에게 보내는 마지막 편지

엄마 나야. 마이 썬.

엄마가 항상 나를 '마이 썬'이라고 불렀지. 내가 엄마 아들이라고, 아들처럼 든든하다고 나를 그렇게 불렀어.

난 사실 지금도 잘 모르겠어. 엄마가 사람들에 둘러싸여 누워 있던 모습이 생각 나. 엄마는 그렇게 조용히 떠났는데 난 아직도 엄마가 집에 있는 것만 같아. 엄마가 누워 있던 침대, 엄마가 입고 있던 옷가지들, 엄마가 정성으로 돌보던 수많은 화분들. 그중의 하나를 내가 집에 가져왔어. 매일 상태를 살피고 물을 주는데도 진작에 시들시들해졌어. 잘 키워 보고 싶었는데 엄마처럼 잘 안 되네.

아마도 엄마는 우선이랑 내가 힘들어하지 않고 잘 살아 나가기를 바라겠지. 엄마가 생각하는 게 뭔지 알아. 그래서 나는 열심히

하려고 해. 엄마가 하고 싶은 게 많았던 것처럼 내가 엄마 몫까지 열심히 살 거야.

먼저 출판사를 만들려고 해. 이름은 벌써 지어 두었어. 엄마 이름과 내 이름을 땄어. 그 출판사에서 내는 첫 번째 책은 엄마 이야기로 할 거야. 세상에 엄마의 흔적을 남겨 놓고 싶었거든.

그리고 나중에 엄마가 연주하던 우쿨렐레를 좀 빌릴까 해. 내가 잘 배워서 엄마한테 우쿨렐레 연주를 들려 주고 싶어.

내가 평소에 하고 싶은 일이 많았던 건 다 엄마한테 받은 유전자 때문인가 봐. 엄마가 하고 싶은 게 많았지. 아마도 엄마는 자유로워지고 싶었던 것 같아. 그런데 나 때문에 그걸 포기하고 살았잖아. 예전에는 그게 싫었어. 나를 핑계 삼는 거라고 생각하기도 했거든. 그런데 내가 애들을 키우면서 알게 됐어. 그게 얼마나 어려운 일인지. 나는 절대로 엄마처럼 할 수 없었을 거야. 그래서 나는 엄마를 존경해. 대단하다고 생각해. 그리고 감사해. 엄마가 없었다면 나는 지금처럼 부족함 없이 살지 못했을 테니까.

엄마가 어떤 선택을 했는지는 모르겠어. 스님 말씀처럼 이 생에서의 업을 모두 끊고 자유로워지기를 나도 바라지만 엄마가 만약 다른 생을 택한다면 나는 무조건 존중할 거야. 그렇다면 엄마의 다음 생은 건강한 신체를 가지고 고생 없이 사는 삶이었으면 좋겠어.

엄마가 항상 같이 있다고 생각할게. 내 마음속에는 여전히 엄마가 살아 있거든. 엄마랑 같이 한다고 생각하면 나는 더 힘을 낼 수 있을 것 같아. 그래서 내가 싶은 거 다 하면서 즐겁게 살 거야. 그렇게 하라고 엄마가 내 엄마라는 삶을 선택했으니까.

엄마는 나한테 항상 미안해했었지. 이런 엄마를 만나서 고생이라고. 하지만 그건 엄마가 잘못 생각한 거야. 이런 엄마는 세상에 다시 없어. 그건 내가 제일 잘 알아. 엄마 딸이어서 나는 많이 행복했어.

우선이는 걱정하지 마. 내가 잘 돌볼 테니까. 엄마가 항상 얘기했던 말 있잖아. 이 세상에 오직 너희 둘뿐이라고. 우리 서로 의지하면서 잘해 나갈 거야. 그렇게 할 수 있을 거라고 생각해. 그러니 엄마는 마음 놓고 엄마가 갈 길을 가면 돼. 그리고 나중에 다시 만나. 우리 셋이 다시 만날 수 있을 거야.

엄마, 보고 싶어. 항상 엄마 생각하고 있어. 엄마도 우리 잊지 말고 기억해야 해.

엄마, 사랑해.

더하기

더하기

 사랑하는 사람의 마지막 여정을 위해 알아 두면 좋은 것들

◆ **영정사진은 평소처럼 자연스러운 것으로**

정작 상황이 닥치면 적당한 사진을 찾기가 힘들어요. 저희 어머니는 둘째 돌 앨범 촬영할 때 장수사진이라고 해서 독사진을 찍었는데 막상 그 사진도 사용하지 않게 돼요. 너무 오래전의 사진이기도 하고 영정사진 컨셉으로 찍은 거라서 쓰고 싶은 마음도 들지 않았어요. 그보다는 해마다 함께 여행을 가서 자연스러운 모습을 많이 담아 두는 게 좋을 것 같아요.

◆ 수의는 적당한 가격으로

 마지막 가시는 길에 돈 아끼고 싶지 않다는 마음에 몇백만 원짜리 수의를 준비하기도 하는데요. 수의는 바로 화장장에서 타서 없어지는 것이니 적당한 가격의 수의를 준비하고 차라리 묘지에 더 정성을 들이는 것도 한 방법입니다.

◆ 제사상은 기본적인 것으로

 빈소가 차려지고 올리는 제사상을 선식이라고 하고 염을 마친 후에 하는 첫 제사를 성복제라고 합니다. 그리고 상식은 매 끼니때마다 올리는 상이고 장례식장을 떠나기 전에 올리는 제사를 발인제라고 합니다.
 제사상은 상황에 따라서 선택하시면 되는데 저는 추천받은 대로 선식, 성복제, 상식, 발인제를 했어요.

◆ 집 떠나는 마지막은 운구차에서

장례식장에서 나와 화장장으로 가는 길에 기사분께서 어머니 집 근처를 한 바퀴 돌아 주셨어요. 나중에 남편에게 들었는데 비용을 조금 더 얹어서 드리니까 어머니가 살던 집 주소를 물어보시더래요. 기사분께 조금 더 성의를 표시하고 부탁드려 보면 어떨까요? 집이 장례식장에서 가까운 거리라면 가능할 것 같아요.

◆ 유골함 선택 시에 꼭 확인을

유골함도 매장 방법에 따라서 다르다는 건 모르셨지요? 평장에 들어가는 유골함은 납골당에 쓰는 유골함보다 크기가 작아서 유골함을 선택할 때 유의해야 합니다. 저는 의사소통이 잘못 돼서 평장인데 납골당용 유골함을 가져와서 평장용 유골함을 받으려고 추모공원에서 한 시간 넘게 대기했어요.

◈ 삼오제라 아니라 삼우제

장례 후 3일째 되는 날, 그러니까 발인일을 포함해서 3일째 되는 날이 삼우제라고 합니다. 묘를 쓴 산소나 수목장지 또는 납골당에 찾아가서 성묘를 하는 건데 저는 간단하게 사과, 배, 오징어구이, 떡, 술을 준비해 갔어요. 실제 현대의 건전 가정의례 준칙에는 평상시의 간소한 반상 음식으로 자연스럽게 차린다고 나와 있다고 합니다.

◈ 윤달 이용하기

윤달에는 아무런 재액이 없어서 보통 수의를 맞추거나 묘지를 사기에 좋은 시기라고 들었어요. 혹시 경제적인 여유가 된다면 그때 준비해 두는 것도 나쁘지 않을 것 같아요. 그렇지만 부모님의 의사를 미리 알고 있어야 추진할 수 있겠지요.

◈ 마지막 행정절차, 사망신고 하기

사망신고는 주민센터에서 하는데 서식에 맞춰서 사망신고서를 작성해서 제출하시면 됩니다. 이때 신청인의 신분증이 필요하고 또 사망한 병원에서 받은 사망진단서나 저의 경우와 같이 사망진단서를 받지 못한 경우에는 시체검안서를 제출하시면 됩니다.

이때 직원에게 안심상속 원스톱서비스 신청을 요청하시면 고인의 모든 재산 상황을 조회할 수 있어요. 금융기관별 결과가 문자나 카톡으로 안내되지만 모든 정보가 수집되면 금융감독원 홈페이지에서 한꺼번에 확인할 수 있습니다.

◈ 평소 부모님에 대한 마음을 아낌없이 표현하기

무엇보다도 중요하다고 생각합니다. 이별의 시기가 아무리 늦게 온다 하더라도 결코 마음의 준비는 안 되어 있을 테니까요. 지금 현재의 마음을 있는 그대로 표현해 주세요.